大是文化

凱云主播的
減法教養

輕鬆爸媽這樣教！
減吼叫、減才藝、減壓力，
孩子貼心又獨立。

TVBS主播、《健康2.0》主持人
鄭凱云——著

何謂減法教養？

- 在生活中觀察孩子的喜好，協助孩子順勢發展，而不是依父母自己的想法。
- 從日常生活做起，共分五個層面，分別為減吼叫、減保護、減才藝、減外食、減壓力。

如何開始？

- **減吼叫**：減少吼叫、禁止，讓孩子自己去思考，並試著從孩子的高度，與孩子建立良好溝通。
- **減保護**：孩子是天生的探險家，減少過度的保護，孩子才能放手探索世界。
- **減才藝**：天賦有可能是一張隨手塗鴉、一段隨口哼唱，得減少父母的控制、期望，孩子才能擁有自己的人生。
- **減外食**：減少化學成分、添加物，為孩子把關第一道健康；讓孩子動手栽種體驗，從播種、發芽、茁壯到收成，藉此了解植物的生命歷程、學會珍惜食物。
- **減壓力**：在育兒時期，許多媽媽因身兼多重角色，而經常處於暫時性的焦慮狀態，此時不妨運用「Me Time」，適度排解壓力、跟著孩子一起成長。

減法教養五大層面

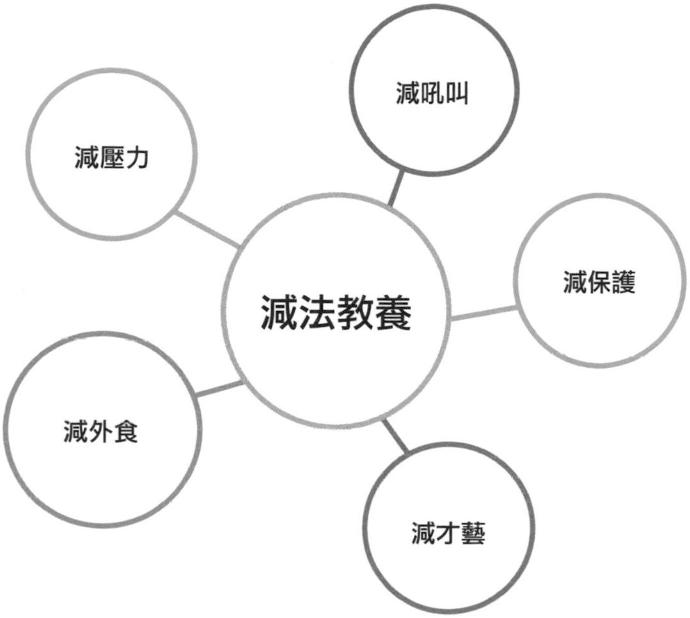

現代教養 vs. 減法教養，大大不一樣！

領域	現代教養	減法教養
溝通互動	命令、怒氣、禁止	以溝通、引導取代高壓管教
學習能力	3C 產品、聲光玩具	多接觸大自然、加強體適能運動
觀察天賦	補習、上課、才藝	不勉強學習，由孩子自己決定
飲食教育	追餵孩子、孩子挑食	從菜園到餐桌，體驗單純的食材、親子 DIY
壓力管理	做越多越好、沒有自我	用「Me Time」，找回工作和生活的平衡

目錄

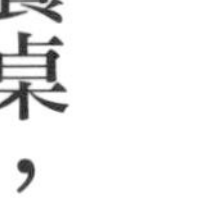

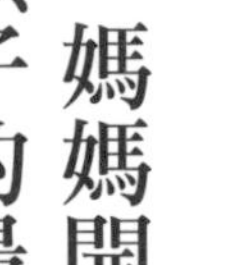

附錄食譜

彩蛋

推薦序一

主播、媽媽、身兼父職……斜槓女子，帶小孩也可以很有效率

超人氣職場圖文作家／**馬克**

我所認識的凱云，是位執行力十足的女性。當大家手忙腳亂、不知所措時，她早已冷靜的思索出，最合適的資源與人脈、最恰當的硬體與軟體，並且精準掌握事情的方向與節奏。是的，她是TVBS主播鄭凱云，總是能夠快速又有效率，俐落的完成每一項任務。

也許你會覺得這樣的人會擇善固執，但在我眼中，她非常勇於改變。她從不愛找麻煩，但麻煩總是愛找上她。因此，她只能不斷捨棄自己的觀點與事物，並且努力做出改變。重點是，這些改變從不消極，**她把這些麻煩視為機會，積極從中找尋更多的可能性**。所以，她從記者、主播，到節目主持人，更在媒體平臺快速變化的現在，依

舊穩站第一線。

不過，儘管凱云事業有成，但她卻從不戀棧這些，反而更懂得如何享受生活。因為，她知道人生最後會留下價值的，大部分都不是工作，而是自己和家人，所以她很清楚下班很重要，我們**必須先卸下一個身分，才能轉換到另一個身分**，那個更讓自己喜歡、自在與舒服的身分，也唯有這樣，我們才有足夠的能量扮演好其他的角色。

凱云也很少談論自己，每天大家都會從她口中，聽到世界各地的新聞，她卻鮮少對大眾甚至身旁的人談論起自己，但我真心覺得，她的人生經驗對大眾的幫助，遠遠高於那些新聞資訊。

我真的很替凱云高興，從新聞工作的女強人、職場媽媽，到一個人帶小孩，這一路以來有多艱辛，她都做到了，還出版了《凱云主播的減法教養》。書中以「減法教養」為主軸，分享了許多她與安安之間的親密互動，這些看似平凡的日常互動，可是凱云的人生經歷與專業的集大成。因此，這本書不但是難能可貴的育兒書籍，更是這位斜槓女子的人生哲學書。我很榮幸可以獲邀推薦，相信大家一定能透過這本書重新認識凱云，也重新認識自己。

推薦序二

教養，是付出、是和孩子一起學習

腫瘤外科名醫／江坤俊

每次被問到我的偶像是誰時，我都會毫不猶豫的說：「我爸爸。」很多人問我為什麼這麼重視家庭，我也會馬上回答說：「我學我爸的。」

從小時候有印象以來，我的記憶裡，父親一直辛勤的工作，他是一位老師，白天上班，下班後就和我媽在家接一些代工，只為了讓小孩能受更好的教育。他自己很節省，但對小孩的學費，他從來沒有皺過一下眉頭。

小時候看電視，看到電視裡有人在吃牛排，總是非常的羨慕，但那時的牛排是奢侈品，我們家根本吃不起。有一次晚上去逛夜市，竟然看到夜市有一攤在賣牛排，比店面賣得便宜許多。那一晚，我們只點了一份牛排，我的爸爸就坐在旁邊看著我和哥哥吃，那天他看我們吃牛排的眼神，我一輩子都不會忘記……。

我曾被問到自己是怎麼教小孩，我只知道，以前父親怎麼對我，我就怎麼對我的女兒。如果有一天，她長大了，對別人說：「我爸以前對我怎樣怎樣，我很感謝他」那我會很驕傲，因為**她的回憶裡，有我對她的好**。

其實，我真的不會教小孩，只知道時光飛逝，她上國小一年級時，我心裡鬆了一口氣，因為至少有六年不用擔心孩子將來要念什麼國中。但，一轉眼，她已經國中三年級了，我開始得煩惱這孩子將來要念哪所高中。

這幾年，我工作很忙碌，雖然我會儘量抽時間陪她出去玩，她晚上就寢前，我也總是到床邊陪她說說話，一直到她沉沉睡去，但我知道自己可以做得更好，只要我用更有效率的方法來陪伴孩子。

凱云，大家都很熟悉的專業主播，但我其實並不佩服她的專業，因為我自己也是專業醫師。我佩服的是她在**忙碌之餘**，**可以把孩子照顧得很好**，**可以和孩子像朋友般的相處**，她和孩子相處的模式和方法，值得大家學習。

這本《凱云主播的減法教養》，是凱云和大家分享她和小孩相處的方法，以及教育小孩的方式。**很多事情可以重來**，**但陪伴小孩**，**教育小孩的機會只有一次**，我相信這本書，可以讓很多忙碌的現代人從中學習到很多，讓你成為更稱職的父母。

作者序

我關心健康，更在乎教養

當你翻開這本書，恭喜你，你已經是很棒的爸爸、媽媽，因為，你正在尋找資源，讓自己和孩子變得更好。

老實說，母親，是一個我沒有把握的角色，總覺得這個角色偉大到，甚至讓人感到壓力沉重。因為，成了母親，要對另一個生命負責；因為，成了母親，要用滿滿的愛，灌注滋養另一個生命；因為，成了母親，還得拿捏愛的濃度，有時得收、有時得放，不能讓甜膩滿溢的愛，淹沒了孩子該養成的品性與規矩。更何況我是個獨立帶著寶貝兒子成長的單親媽媽，工作上還得承受雙重壓力，既是新聞主播，又是健康節目主持人。但也因為工作上的身分，我比一般人幸運的是，可以藉由「職務之便」，向專家請益。

我關心健康，也關心教養議題。這幾年除了播報新聞，還主持超過一千五百集的

《健康2.0》，從醫師、營養師身上，獲取讓孩子**健康成長的醫學關鍵知識**；也很幸運的，有機會主持教育節目《我的超級麻吉》和《讚聲大國民》，讓我實際走訪偏鄉小校，看見充滿理想和熱忱的校長和老師們，努力誘發孩子的學習興趣，翻轉未來，都讓人動容。我也從親子專家身上，學到不同階段的親子溝通技巧。

也再度發現，現在的我們，擁有了太多，卻常常忽略，忙碌的生活中，什麼都有了，卻沒有了自己。我們每天的生活被手機、資訊、工作、會議和一大堆人的交際、交流填滿，卻鮮少有獨處的時間，甚至許久不曾聆聽自己內心的聲音。**我不想讓自己和孩子，淹沒在「太多」裡，因此，用「減法教養」的觀念回歸自然，陪伴他成長。**

因此，我們在公園裡跑跳爬樹，泡在潮間帶裡觀察、探索，在海灘上搞得全身髒兮兮，在畫紙中把天馬行空的想像具體表現出來，在床前故事中，展開奇幻冒險的故事接龍。

從親餵母奶、拍嗝、換尿布的那一刻起，我就知道自己的人生順位和規畫，有了截然不同的轉變。我**從新聞工作上高壓的女強人，變身成為，為孩子說故事、陪著孩子學直排輪、騎單車，洗手做羹湯的媽媽**。

這本書中的 QR Code，正是我和我的兒子安安生活的一小部分。你只要用手機簡單掃描，就可以看到親子ＤＩＹ料理，以及健康主播媽咪鄭凱云為孩子們說故事的片段。希望除了文字和圖片，還能透過影音，融入各位讀者的親子日常。

這本書之所以能誕生，要感謝的人很多。感謝國宴御廚雷議宗，跨刀設計一道道營養的親子料理；感謝超人氣職場圖文作家馬克，帶領爸媽看到孩子在塗鴉中的無限可能；也感謝國家級武術教練李筱娟，長期指導安安武術，陪伴孩子在健康運動下成長。更感謝大是文化的惠君、凱琪、千晴，在出版過程中點點滴滴的努力與付出，讓這本書更加完備。

當然，還要謝謝我的小安安，安安可是這本書的插畫家呢！有沒有發覺書中的插畫，線條簡單又充滿童趣？沒錯，這正是安安幼兒時期隨手塗鴉的畫作，沒想到竟然能躍上紙本，為這本書下最真實可愛的註腳。也要感謝一路當我堅強後盾的老爸、老媽，還有孩子的爸在我需要支援時，伸出援手，更感謝一路上協助過、陪伴過我們母子倆的所有人。

父母這個角色，又有誰真正準備好呢？

但求盡心盡力。**陪伴絕對是教養的第一步**，讓我們用自己最舒服的方式，陪伴孩子起飛翱翔，迎向充滿挑戰的每一天吧！

如果這本書中的任何一個觀念、任何一道料理，能對你和你們家寶貝有這麼一丁點的幫助，那將是我和安安最大、最好的福報。

前言

帶孩子不是犧牲，是收穫

新聞媒體的工作步調異常快速，競爭也非常激烈，從我進入新聞圈的第一天開始，就展開了猶如跑馬燈的生活，每天就像一顆不停旋轉的陀螺，有時神彩飛揚，有時像老牛拖車，但想停也停不下來。

還在當記者的時候，因為要二十四小時待命、緊盯採訪路線，所以手機得永遠保持暢通；當主播報新聞時，更要隨時保持高度敏銳、插播最新連線報導，更何況我還是一位節目主持人，一個人面對五、六個不同專長的來賓是家常便飯；在LIVE播出中，除了要精準的幫觀眾問出最關鍵、切身的問題，一會兒還得引導教練示範動作，或是請大廚奉上健康料理撇步，這般工作的高壓和緊繃程度可想而知。但讓我感到自豪的是，至今轉了近二十個年頭的跑馬燈，有好幾度**為了孩子，放慢轉動的速度，甚至停止轉速**。

● 錄製節目時，我是笑容可掬的主持人，但其實每天都必須承受高壓且快速的工作步調。

懷上安安的那十個月，是我在職涯中最忙碌的那幾年，不僅要製作主持每天下午LIVE播出的《健康兩點靈》（編按：二〇一四年八月更名為《健康2.0》，作者自二〇〇七年主持至今），還要扛起長官交付的黃金播報時段——晚間九點《新聞最前線》，一整天下來幾乎沒有任何休息時間。上場播報下午新聞時段、參與採訪會議、確認新聞框板內容等，**每天上班時間長達近十二小時**。

眼看預產期一天天逼近，我實在不想挺著大肚子，工作到生產前的那一刻，不只我的壓力大，製作團隊更是神經緊繃，深怕哪一天我正在播報或主持節目時，突然陣痛就麻煩大了，甚至得驚動救護車。

因此，我在預產期前兩週開始請假，想讓忙碌好久的準媽咪，和肚子裡的親親寶貝好好休息一下，但我再次深深體會到，什麼是「計畫趕不上變化」。還記得我開始休假的那天是星期二，沒想到星期三產檢，寶寶就有狀況，隔天我緊急住院待產，還好，這迫不及待想報到的小寶貝，一切平安。

當我看到這張天使般的小臉龐，我決定為他停下飛奔了十年的工作腳步，休育嬰假，暫離職場。

很多親戚朋友聽到我的決定，擔心和質疑聲不斷：「妳要想清楚啊！你前腳離開，別人後腳就補了上來」、「節目從無到有，你付出這麼多心血，就要拱手讓人嗎？」「你還能回公司？還能當主播嗎？」我知道他們的關切和心急，雖然我熱愛我的工作，雖然我對暫離十年的新聞崗位，對上千次率兵征戰打下的節目江山也很不捨，但此刻，我有更重要的任務，也就是**抽離工作、專心當媽**。

在那半年的育嬰假，我不是主播，不是主持人，只是個看到寶寶，會不由得漾出笑容的平凡媽咪。

當過新手爸媽的人都知道，那是一段多麼兵荒馬亂的日子，單身的朋友以為我過著貴婦般的生活，一看才知道，真是名符其實的「老媽子」。

堅持哺餵母乳，每天光擠奶、餵奶、清洗瓶瓶罐罐、嬰兒衣物就有夠嗆的，還得三天兩頭帶孩子跑醫院，因為安安還沒滿一個月就被檢查出斜頸症（編按：由胸鎖乳突肌纖維化所引起，俗稱「歪脖子」，半歲以前是黃金治療期），醫師嚴肅的告訴我，他的情況複雜恐怕會影響發育，因此建議安安做復健，而且越快越好。

我的心像被擰住了一樣，但有方法解決，我願意努力試試，我徵詢了幾位醫師的意見後，決定把一個月又八天的寶寶帶上復健床，五十幾公分的小小身軀，躺在兩百公分的病床上，一星期兩、三次復健，儘管每次看到復健過程都萬分心疼，儘管我這個無助的媽咪，只能在寶寶耳邊幫他加油打氣，還好，一切辛苦都是值得的，半年後安安的狀況好轉許多，至今沒留下任何後遺症。

人生有時要慢慢來，我只想牽著孩子的小手，一起探索世界。

捨去耀眼的光環，得到更多甜蜜幸福

我另一次為孩子放慢腳步，是安安北上念中班的時候。

原本我負責重要時段——晨間新聞，那段日子我得凌晨四點摸黑起床，到公司準備新聞內容，才能在清晨大家轉開電視時，帶給觀眾當天最新、最需要知道的重要資訊，但孩子要北上念幼兒園了，我是單親媽媽，臺北只有我和安安兩人相依為命，我不可能凌晨四點出門，放孩子一個人在家，才四歲的他，更沒有能力自己去上學，我也沒餘力，為了凌晨四點到孩子上課這段時間，再花錢請保姆。因此，我放棄了主時段，調整到正常上下班時間，對我來說，**花時間陪伴孩子成長，比播報任何黃金時段都重要**。

雖然在工作上有調動，但我獲得了無可取代的幸福。

人生有不同階段，工作內容也有很多種可能，的確有些工作不能調整，一點也損失不起，但如果你也想放慢腳步，在做決定之前先問問自己：

「我做這個選擇結果會如何？」
「我做這個決定會讓自己和在意的人快樂嗎？」
如果答案是肯定的，就值得一試。

一個轉念，一個不同的決定，將為人生開啟截然不同的風貌；我的人生，我為自己和所愛的人負責，捨去了那些耀眼的光環，對我來說更重要的是，得到了更多幸福、甜美，大家眼中的犧牲，卻是我最大的收穫。

大家都用加法生活，我卻用減法教養

在分秒必爭、高壓的新聞崗位上，我拚戰了二十年，早已習慣快速處理一件一件加諸在手上的任務，儘管駕輕就熟，但說沒有壓力是騙人的。特別是在我生下安安、當媽以後，一切的生活、工作，甚至於自我，都有了極大的轉變。一打一無後援、母兼父職、高壓忙碌的工作型態，也都讓我一再擔心，自己能否扮演好媽媽這個角色，能否帶領安安走上正確的人生道路。

曾有朋友太過焦急，孩子才一歲多，剛開始學習走路，她就幫孩子安排肢體開發、全腦開發等課程，孩子還沒上幼兒園，就得一週五天到課堂上報到；上了幼兒園之後更慘，英文家教、日文家教天天到府教學，孩子根本沒有玩的時間，課程把他該有的快樂童年完全占滿；後來孩子進入了壓力極大的私立小學，上了一整天的課，好不容易等到放學，又被送去名師補習班上課，才低年級就搞到晚上八、九點才能踏進家門。

可憐的是，這孩子從原本還會跟爸媽撒嬌，會開懷大笑，變成一個人默默坐在角落，鬱鬱寡歡不願開口，他把指甲咬到破皮，把頭髮扯到稀疏，最後，還成了同學霸凌的對象。

這對夫妻常為了孩子的教養大吵，他們目標一致，要孩子成為人中龍鳳，小小年紀就一直把最新、最好的課程，往孩子身上倒，想墊高孩子的人生基礎，沒想到反而害慘了他。孩子連快樂成長、打開五感（編按：聽到、觸摸到、看到、品嚐到、聞到的五種感覺，可幫助大腦了解周圍環境的變化）、好奇探索世界的權利都被剝奪，身心靈早早就被壓垮。

這不是我想給孩子的生活。因此，在許多父母不斷用加法教育的同時，我用的是**「減法教養」，順著孩子的天賦，而不是爸媽的意志、期望**。我全心的陪伴孩子，在生活中悉心觀察孩子的喜好與天賦，協助孩子順勢發展，成為生命中的亮點。

此外，我也相當重視孩子的飲食教育。我主持超過一千五百集的《健康2.0》，這十幾年來，跟著臺灣民眾像剝洋蔥一樣，一樁一樁揭開毒害人體的食品添加物，才發現，當化學色素、香料、調味劑越加越多時，減掉的，正是你我人生中最關鍵的根基——健康。

這些都讓我思考，「加法生活」是好的嗎？人們對物質和權利的渴求越加越多，漸漸的扛不動了，加法變成壓力和負擔，人生變得複雜而沉重，簡單的快樂，也離我們越來越遠。

現代爸媽，不管是吼爸虎媽、直升機父母，或是寵溺自責型父母，每個人都在拚教養，都希望自己的孩子能聰明長大，卻很少去思考或是觀察孩子真正要的是什麼。

減法教養是什麼？

而我所提的減法教養，其實非常簡單，只要從日常生活各方面做起就有很好的效果，共五個層面，分別為減吼叫、減保護、減才藝、減外食、減壓力。

比如說，溝通互動，我會蹲下來用孩子的高度去溝通，並減少吼叫，藉此引導孩子自己思考做事的優先順序；減少保護，讓孩子放手探索大自然；觀察天賦方面，則是減少過多的才藝課，讓孩子順勢發展；減外食，強調從「菜園到餐桌」，讓孩子實際體驗種菜、用單純的食材，增進孩子的健康。最後，對於教養，我認為父母的壓力管理也很重要，因為只有快樂的父母，才能陪孩子走更長遠的路。

舉例來說，安安在幼兒園時，很多同學的家長緊張的幫孩子規畫ＡＢＣＤ、ㄅㄆㄇㄈ的課程，我卻帶著孩子到公園爬樹、追逐跑跳，帶著他去踢足球、溜直排輪、上山下海探險去。對我來說，讓孩子擁有健康的體魄，**培養良好的運動習慣，比提早半個月、一個月學會ＡＢＣＤ、ㄅㄆㄇㄈ，要來得重要千萬倍**。

當時為了陪孩子學直排輪，老媽子我還很不怕死的買了直排輪鞋一起溜，還因此摔了好幾跤呢！**陪著孩子一起摔倒，再一起爬起來繼續溜**。

安安學的才藝，都是他有興趣，或是我們試上課程討論後，他仍想學的，不是我強加在他身上，認為他應該學的。還記得剛進國小，安安就主動要求學武術，後來還積極考進武術校隊，這些都讓我很感動。

至於課業，安安第一次帶回來的**數學考卷只有六十幾分**，我沒有大呼小叫、沒有大驚小怪，靜靜的看了考卷後，確認他都會，只是缺少答題技巧而已，因此只要未來改進就好。我常比喻，孩子的考試成績，就像成人的健康檢查報告一樣。當你看到健康檢查上的紅字，如果只是生氣、懷疑、沮喪，卻不做任何改變，有意義嗎？下次健康檢查，恐怕還會出現更可怕的紅字。考試的目的，在於檢視孩子哪些地方沒弄懂或不夠熟悉，因此，分數不是重點，重要的是，協助孩子把它搞懂、練熟，幫助孩子學會就好。

孩子的笑容，是大人的責任。我也常提醒自己，如果有一天，安安連他最愛的畫畫，都沒辦法騰出時間，好好享受、好好創作，那麼就代表他的生活負荷太過沉重，須重新檢視，用「減法」概念去蕪存菁。

教養之路，也是家長的學習之路。我也會擔心、也會自我懷疑，甚至愧疚。懷疑自己能否同時扮演好爸爸和媽媽兩個角色，愧疚無法給寶貝一個完整的家。尤其看到其他父母在教養上，一個扮黑臉，一個扮白臉，互相支援，也為親子關係創造更多緩衝時，都會升起羨慕感。

我希望安安熱愛生命，是個陽光、溫暖又堅強的孩子，遭遇困難，勇於面對、認

在高壓的工作下，又要一個人帶小孩，坦白說連我自己都沒有把握。

真尋求解決之道。

畢竟人生的道路有時寬廣明亮，有時荊棘滿布，不論是一帆風順抑或遭遇波濤洶湧，我都希望孩子記得，通往目標的道路不只一條，有時拐個彎，會發現另一片美景。尤其，那些足以改變一生的風景，往往出現在讓人料想不到的地方。

我知道成長路上有酸甜苦辣，生活中有加減乘除，但我相信只要有愛、有熱情，就能勇敢追求眼前的機會，放膽去走。

第一章

減吼叫，蹲下來跟孩子説話

1. 我那不多話的老爸教我我的事

現代父母生活忙碌，在蠟燭兩頭燒的狀況下，真正能陪伴孩子的時間十分有限。然而，陪伴，應重「質」不重「量」，別給自己太大的壓力。

我是身處高壓、忙碌工作型態的新聞工作者，也是兼顧工作和家庭的職業婦女，更是獨立扛起家計和孩子的單親媽媽。但是，不管有多忙，我還是會努力擠出時間來陪伴孩子，用心經營每一段親子時光。因為，在我的成長過程中，就有著最溫暖的陪伴，滋養灌溉我的人生。

有句話說：「**陪伴就是最好的教養**」，這讓我想到我的家、我的爸媽，或者應該說，這句話是我兒時生活最好的註解。

我的老爸是個非常傳統典型的大男人，雖然每天都會回家吃晚餐，話卻不多，吃完了飯就會趕我們去寫功課；成績不好會挨轟、對長輩沒禮貌也會受罰。但是，每逢假日、寒暑假，這個男人總是開著他的老爺車，載著他心愛的妻子和四個小蘿蔔頭外出踏青，再加上他孝敬的老父親、老母親；一臺五人座的轎車，常常擠滿八個人（編按：此為危險行為，請務必遵守交通規則），他的小兒子就坐在副駕駛座妻子的腿上，而他的小女兒，也就是我，小小的身軀通常擠在正副駕駛座中間的小置物箱上。

原來父親的付出，不是每個家庭都有的「理所當然」

每回出遊，大家開心、快樂之餘，我總天真爛漫的以為，這都是理所當然的事。總以為每個家庭的爸爸，也像我老爸一樣，帶著子女上山下海，直到長大、開始工作了之後，我才知道這個男人對孩子的付出和陪伴，有多難得、有多珍貴。

我是這麼發現的。

好幾次，當朋友、同事興奮的要規畫出遊景點，像是到太魯閣看峽谷、到廬山泡溫泉、到阿里山觀日出、到關山等夕照，或是到溪頭感受臥虎藏龍裡的竹林時，我都滿肚子孤疑的問：「咦，你們沒去過嗎？」、「你們真的是第一次去啊？」這時反而激起大家的好奇心，睜大眼睛問：「凱云，妳不會都去過吧？」

而我總是有點白目的回答：「對啊！小時候我老爸就帶我們全家去玩過啦，我家在中部，南投的知名景點，像是日月潭、溪頭、杉林溪、廬山、清境農場、合歡山等，加起來我至少去過三、四十次，我爸也曾開車帶我們穿越中橫到臺東、花蓮去玩，再從宜蘭、臺北繞回來，等於環了臺灣半島，還有到南部去……。」

當我正要提供意見，告訴朋友、同事們，哪個景點特別值得停留、去哪裡至少得規畫幾天幾夜才能玩得盡興時，話通常還沒有講完，就被打斷了，大家都用羨慕的眼光看著我說：「凱云，妳好好喔，好幸福，小時候我爸媽很忙，很少帶我們出去玩，更別說出這種遠門」，還有人說：「我只去過其中幾個風景區，妳幾乎都跑遍了，妳爸也太閒、太有空了吧！」

我的爸爸真的很閒、很有空嗎？

還記得，剛踏入社會時，臺灣當時還是實行隔週休二日，因為新聞工作非常忙碌，再加上菜鳥上路難免出錯，又是漏新聞，又是被長官釘，常把我搞得昏頭轉向的，所以每到假日我只想睡大頭覺，哪裡也不想去，就連每個月固定抽空回中部和爸媽聚聚，有時還得歷經一番掙扎。

爸爸帶家人們一起出遊，中間是我。長大後，我們卻總是忘了在背後默默付出的父母。

但這個男人平時工作已經累得像條狗了，假日還得提起精神，帶全家老小出門遊玩。只因為，他是一家之主，全家只有他會開車，所以不管跑多遠，都是他一個人開到底；儘管妻子、孩子們上車沒多久就睡了，他還是得全程保持清醒，因為全家的生命安全，全繫在他身上。

如果今天是去溪邊烤肉，這個男人會下水保護孩子們的安全；如果今天風大，是個可以放風箏的日子，這個男人就高舉著風箏在草地上奔跑，等待風箏飛上天的那一刻，當他回頭望著緊握線頭的孩子們咯咯笑時，汗流浹背的他，也會心滿意足的跟著一起笑。

我才突然發現，原來一個人扛起

四個孩子的生活教養費用、一個人肩負所有家計的老爸，假日還如此全心陪伴我們成長，在那個年代有多難能可貴。我明智的父親，**不是將自己定位於高高在上的經濟支柱或權威者**、不是只知道「養育」孩子，**而是騰出生命裡最寶貴的時間，陪伴孩子成長**；而這一切**並非**我自小以為的**每個家庭都有的理所當然**，因為這個男人是如此難能可貴，用愛守護他的家，用心呵護妻子和孩子們當下的快樂與幸福。

高質量的陪伴，能讓孩子有安全感

我還發現，我的父親把時間花在孩子身上，是一件多麼奇妙又有意義的事，形成一股陪伴孩子一生、無窮的安定力量。

直到自己當媽以後，深知這份禮物多麼珍貴，因此儘管單親的我得身兼父職，獨自帶著孩子成長，還必須同時兼顧播報新聞和主持節目，但我還是會努力騰出時間陪伴孩子，就算只是在家裡玩桌遊也好，到公園散步、騎車、野餐也行，或者像我的老爸一樣，開車帶孩子上山下海，我都全心全意的投入。

其實，孩子需要的不是多大的快樂與驚奇，而是父母專心的陪伴，而在陪伴孩子長大的過程中，也是父母自我成長的學習歷程。

你還記得上回大手牽小手，一起放聲大笑，是多久以前的事了嗎？

記得，天氣晴朗的時候，請帶著孩子去野外郊遊；雨過天晴的時候，請帶著孩子尋找天邊的彩虹；風大的時候，請抓著孩子的手讓風箏翱翔。**和孩子一起敢跑、敢跳、敢瘋狂，盡情享受當下的每一刻**，這會是孩子一輩子刻印在心底深處，最美好的親子時光。

＊減＊法＊教＊養＊

陪孩子長大，比什麼都重要，但得要高質量、要剛剛好。

和孩子一起敢跑、敢跳、敢瘋狂，享受當下每一刻。

2. 孩子興趣變變變，所有才藝都想試？

你是否也曾因為孩子的反覆再三，而忍不住發脾氣？在發脾氣之後，卻又感到自責與懊悔：「他明明還是個孩子，我怎麼可以這樣兇他……。」

愛需要發聲練習，得時時說出口。在面對各種壓力與情緒時，愛更需要溫度與互動，讓情感緩緩的流動。而你一定也試過，真心的擁抱，暖了孩子，更溫暖了你自己的心。

我也跟大家一樣，**當媽之後，才開始學著怎麼當媽。**我也會情緒失控，也會成為噴火龍，這是每個家庭難以避免的親子日常。

還好慶幸的是，我們親子日常的主旋律，還是和諧的樂章。

在孩子聽得懂、能溝通之後，除非有立即性的危險，否則我大都以**溝通代替命令**。以學才藝為例，我會跟安安聊聊他有沒有興趣、想不想學，有時會帶他參加一些體驗課程，讓他先玩玩看，認識一下學習內容。現在的才藝班為了招生，都有免費體驗課程，正是讓孩子小試身手的好機會。安安參加過的就有繪畫、打擊樂、鋼琴、瑜伽、武術、圍棋等。如果他不感興趣，我不會硬逼他學習。只是，孩子會變來變去，家長就得多點耐心。

安安還在幼兒園的時候，曾表達不想學鋼琴，結果隔了半年再問他，他決定要讓指尖施展魔法、變出音符。這時我就跟他**約法三章，既然要學，就不能半途而廢**，至少要學到一定的程度。

又比如，堂妹學圍棋，安安和堂妹對奕時，堂妹常在棋盤上占上風，讓安安好生羨慕。安安一度也想學，但試了之後又興趣缺缺，加上我也不希望孩子的假日排滿課程，因此暫且放棄。

此外，和孩子說話溝通時，我習慣**蹲下來**，跟他們一樣在一百多公分的高度，**雙眼與孩子平視**，除了**讓孩子感到尊重**，更能從孩子的反應和眼神中，**確認他真正的想法，是不是真的聽懂**。

我一直認為，只有孩子真的聽懂、真的認同，才能刻印在他的小腦袋瓜裡，並且好好遵守。否則，恐怕在象徵權威者的爸媽、老師面前一個樣，在背地裡又是另一個樣；最可怕的是，如果在成長過程中變成習慣，難保長大後不會在老闆、警察等權威者前是乖乖牌，卻在背地裡偷偷做壞事。

我無法給孩子金銀財寶，但可以給他一個安心、有溫度的教養環境。我也常蹲下來擁抱安安，在他耳邊告訴他，媽咪好愛好愛他，讓他知道，**不管發生什麼事，都可以跟媽媽說實話，不用擔心被貼上壞孩子的標籤**，不用擔心媽媽對他的愛有絲毫減損。

重點是帶領他勇敢面對，有錯，學習、改進就好，我注重的是態度，肯面對、肯努力，比永遠不出錯來的重要。因為，再順遂的人生，都不可能一路綠燈，

以溝通取代命令，讓孩子遇到任何困難，都能學會勇敢面對。

遇到黃燈、紅燈時，要知道如何適時、安全的繼續前進。

而家，是他永遠溫暖的避風港。

＊減＊法＊教＊養＊

三到六歲的孩子最難溝通，不妨試著蹲下來，觀察孩子的眼神、同理孩子。

3. 哪有什麼育兒神器？我用一組桌遊就搞定

隨著現代科技發展，小孩子的娛樂生活也跟著轉變，市面上各式電子產品或酷炫玩具琳瑯滿目，你都選擇什麼樣的遊戲給小朋友呢？

祖孫三代一起開懷大笑玩桌遊，這是我心目中，最美好的畫面之一。

印象中，小時候老爸有空時，會陪我們玩撲克牌、五子棋（編按：兩人對弈的純策略型棋類遊戲，先在橫線、直線或斜對角線上形成五子連線者獲勝）和象棋等，而老媽永遠都有忙不完的家事，總是沒能參與，至於阿公、阿嬤則守在電視機前面，偶爾應著我們幾聲，對遊戲興趣缺缺；我們祖孫三代感情雖好，卻少有共同參與遊戲的機會，現在回想起來，總覺得好可惜。

這幾年在臺灣風行的桌遊，其實源起於歐美國家，因為他們的冬天又冷又漫長，因此全家吃完飯就會聚在火爐旁，一邊聊天談心，一邊玩桌上遊戲。

撲克牌、大富翁、五子棋都是我的育兒神器

這種「不插電遊戲」，和現在最夯的3C產品恰恰相反，3C有讓人目眩神迷的聲光效果，卻把坐在身邊的人，隔得好遠好遠，人在咫尺，心卻在天涯，而桌遊一點酷炫聲光都沒有，卻能把坐在身邊的人越拉越近。大家隨著遊戲劇情，牽引著心情七上八下，一群人一起緊張、一起動腦、一起歡笑、一起感受遊戲的高潮迭起，長輩們還能趁著遊戲過程，傳承生活經驗和人生觀念給下一代，留給彼此無價的陪伴和美好回憶。

安安上幼兒園中班後，也會拿著桌遊找大人玩，我家剛開始桌遊種類不多，最常玩的還是超傳統的大富翁，但小小一個遊戲，就讓我從安安身上，看到豐富的學習歷程。

從一開始小手擲骰子，骰子常會不聽話的飛越桌子、滾落地面，到現在手部的小

透過桌遊，不僅能促進孩子情緒控管和社交，也能全家笑開懷。

肌肉被訓練得越來越靈活，能適當的控制力道，像大人一樣精準的骰在桌遊中央；從一開始究竟能走幾步，他得慢慢數著骰子上的小點點，到現在兩個骰子一起玩，也能輕鬆加總；當然，買賣土地、房屋的付款找錢，也讓他漸漸對加法、減法和金錢更有概念，現在我也慢慢帶他閱讀「機會」、「命運」上的文字，讓他更有參與感。

除此之外，遊戲中，我們也會教孩子怎麼玩更聰明，怎麼買地效益最高？再走到同樣的地點時，是要蓋房子，還是要選擇蓋旅館？孩子就在動手更要動腦的遊戲當中，一點一滴累積吸收。

後來安安再大一點，我開始教他玩撲克牌的撿紅點、心臟病、捉鬼（編按：玩家輪流向下一位玩家抽一張牌，將抽到的牌和自己的牌組成一對，就可以丟入牌堆裡，最後拿到鬼牌的人即是輸家）、十點半等，我不認為非得砸大錢買全新桌遊，阿祖時代的撲克牌就能千變萬化，更是大家玩桌遊的「共同語言」，孩子們怎麼能錯過？現在我們家的桌遊，又多了五子棋和立體四子棋，安安總是邊學習邊挑戰，玩得興味盎然、笑聲不斷。

學會獨立思考，也學會面對輸贏

雖然桌遊是近幾年才開始盛行的，但其實聯合國教科文組織早在三十年前，就開始推動兒童玩桌遊的權利，更強調可以促進社交、情緒發展的益處。（編按：聯合國教育、科學與文化組織，縮寫作「UNESCO」，是一個聯合國專門機構）

桌遊確實能幫助父母，了解小朋友的個性，進而協助孩子控管情緒，因為在遊戲過程中，孩子們得學習輪流、等待，更得學習面對輸贏。

我曾在《健康2.0》討論桌遊主題，當時醫師的形容，讓我眼睛為之一亮，他說：**「桌遊就像孩子的『情緒實驗室』，每一局都可能帶來不同的互動與結果，等於幫孩子製造了很多真實、即時的應對機會。」**因為，未來不管在校園或職場，家中的小霸王出了家門，可沒有人會忍受他的壞脾氣，因此，從小讓孩子學習與他人合作共處，

類型		教養效果
合作型	⟷	加強團隊合作
策略型	⟷	獨立思考
競爭型	⟷	學會輸、贏

表1－1　各類型桌遊的教養效果

享受勝利的感覺、承受輸的挫折，最好還能勝不驕、敗不餒，在遊戲中練習情緒控管，是桌遊帶來的一大好處。

而在促進社交上，小小桌遊更能拉近整個家族的距離，尤其很多爺爺、奶奶，常常不知道要跟孫子聊些什麼，一講話就被嫌嘮叨，心情難免受挫，久而久之更難有交集；或者上了年紀，整天只能守著電視，拿著搖控器一臺換過一臺，滑著手機等待子女和老友傳來的訊息。

現在，透過桌遊，爺爺、奶奶和孩子們可以一起動腦、歡笑對戰，這對老人家來說，絕對是最好的互動與陪伴。對孩子來說，輸贏也打破大人對小孩的權威藩籬，無形中產生進取之心，未來面對挑戰也可以減少恐懼，而對整個家庭的健康與溫度，自然大大提升。

還有來賓在節目中提到，歐美不少公司，鼓勵員工午休時間玩桌遊，臺灣也有公司，以桌遊作為教育訓練的一環，正因桌遊種類繁多，不管合作型、策略

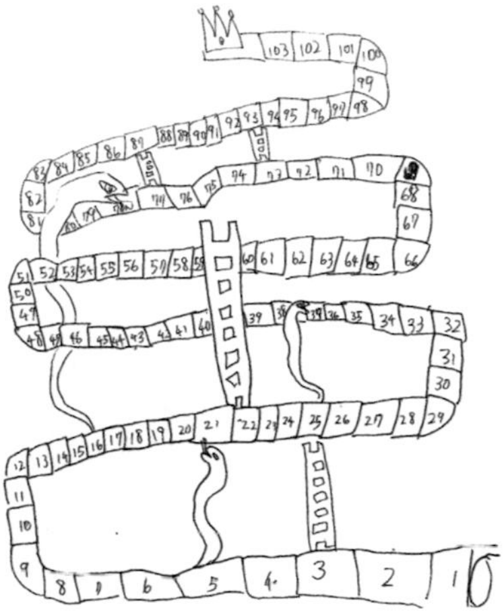

安安自己畫的桌遊遊戲，不花錢又有創意。

型、競爭型，總能找到合適的遊戲，就像你家一樣，你也能找到讓你們熱血沸騰的桌遊。

通常我帶安安和家人玩桌遊時，最常玩的是合作型的遊戲，這時我們會分兩組來進行對抗賽，在說明遊戲規則之後，我會告訴安安：「我們是一隊的，要互相幫忙喔」，這不但可以增進孩子的成就感，更能讓孩子學習團隊合作。此外，策略型的遊戲，透過桌遊配件的各種用途，也可以讓小朋友試著自己思考，進而激發出更多天馬行空又有趣的想法；競爭型，因為是一對一，則是能訓練孩子學會承受輸、享受贏。

但其實遊戲嘛，別先設想獲得什麼目的，盡情投入、開心最重要，甚至自己畫桌遊，也是寓教於樂的方式。

＊減＊法＊教＊養＊

育兒不必花大錢，一組大富翁或桌遊就搞定。

4.「安安炒飯」，我最棒的情人節禮物

現在的小朋友，在父母的呵護及無微不至的照顧下，自我意識也越來越重，有些還有可能會因為父母的過度寵溺，導致長大後行為有所偏差。然而，貼心又天真、善良的孩子，其實就在日常生活中。

我想，我會永遠記得這一天。

有一個男孩為了討我歡心，綻放出陽光般的笑容，主動跟我說：「今天我煮飯給妳吃吧」。

那一年，他才七歲。

那一天對我來說，原本是個煩悶的日子。

安安小主廚煮的第一道愛心料理。

隔天就是二月十四日西洋情人節，不管是開採訪會議或是播報新聞的時候，都不斷聽到有人在討論「情人節怎麼過？」「今年最夯的情人節禮物和大餐是什麼？」「有幾成的男生，會提前準備好禮物送給心愛的女朋友」等，這讓沒有情人的我，聽得都厭煩了起來。

好不容易，忙完一整天的工作，我立刻飛奔回家，快速切好備料，準備做個簡單的炒飯，等著小人兒回家後迅速料理，一切從簡就好。

沒想到，這天小男孩不知為何心情大好，心血來潮，第一次跟我說：「媽咪我來炒飯給妳吃吧！」

老媽子我喜出望外，原本沉悶的心情，頓時像乘著熱氣球衝破烏雲籠罩的天空一樣，瞬間明朗了起來，嘴角的笑容也咧到了眼尾。

我立馬幫小主廚準備好小凳子，讓他穩穩的站在上頭。

接著，冷鍋下油，加入洋蔥丁，再扭開爐火，老媽子我開心當二廚，一樣一樣把食材，依照需要下鍋的順序，遞給小主廚。

只見他小小的手，握著大大的鍋鏟，努力翻動著洋蔥、絞肉，待炒出香味後，再把隔夜的五穀飯加進鍋子裡，最後加入節瓜、筊白筍丁和一點點青菜。

雖然小主廚的動作不太熟練，有一些五穀飯和配料在翻炒的過程中，趁機噴飛、逃脫，但媽咪的心早已沐浴在香氣和愛心裡，其他的一切都不重要了。

當香味四溢的「安安炒飯」上桌，為娘的我，感動的捨不得吃，先把安安第一次下廚的料理拍起來，再一起開動。

其實，安安根本不知道什麼是情人節，更不知道隔天就是西洋情人節，他只是覺得好玩，看我切了各式各樣的配料，他也想像媽媽一樣，透過烹調，把它們重新組合在一起，料理成美味佳餚。當我告訴他明天是情人節，謝謝他為媽咪做了情人節特餐時，安安開心的蹦蹦跳跳，一臉得意的模樣。

謝謝你，我的前世情人，用第一次下廚親手做的料理，送給媽咪滿滿的愛。謝謝你，我永遠永遠的小情人、小愛人。

其實，不只是情人節，孩子的天真與貼心，只要用心體會，從日常生活就有很多的小小發現，以下是我與安安的有趣對話，請參圖1-1。

圖 1 － 1　孩子的貼心，暖了爸媽的心

鄭凱云

4 月 18 日

【我的小暖男】
放學接到安安。
安：「媽咪，我一直在擔心妳耶 」
媽：「怎麼了？地震嗎？」
安：「對啊！地震好大，真是嚇死寶寶了。我要同學捏我一下，問他，我還活著嗎？還好還有感覺，沒有在天堂、也沒有在地獄……。老師聽到了跟我說：『安，你還活著』，我又問老師，「那我阿公、阿嬤怎麼了？我媽媽怎麼了？」老師說：「應該是平安無事。」
但是我還是很擔心，現在看到妳才放心。（抱～）
#sweet #0418 大地震 # 地震規模 6.1
 # 還有人一直擔心我 # 寶貝我也一直掛心你

你和其他 774 人都說讚　　101 則留言

讚　留言　分享

健康主播的營養教室

洋蔥

☑ 增加免疫力

☑ 活化細胞

洋蔥既能補充營養，又能增強孩童的免疫力。因為洋蔥裡的維生素C，能夠激活人體的免疫系統，抵禦外來細菌的感染；維生素B群和硒，則可活化T細胞與B細胞，維護免疫機能。

另外，洋蔥還含有槲皮素，是抗發炎的好幫手，可以藉由阻止病毒複製，減弱感冒病毒所引起的嚴重發炎症狀，對孩童的免疫機能，有多重保護力。

＊減＊法＊教＊養＊

貼心的孩子，不用刻意教，日常生活就能顯現。

第二章

減保護，別人的孩子ABCD，我的孩子拳打腳踢

1. 不想孩子輸在起跑點？運動就能辦到，才藝班未必

「別讓孩子輸在起跑點上」這句廣告詞，非常成功的洗腦臺灣父母，家長們爭先恐後砸大錢、花時間，把孩子送進補習班和才藝班；別人的孩子課後ABCD，我的孩子課後卻是拳打腳踢。

安安大班要升小學的那個暑假，我印象特別深刻，因為假期才剛剛開始，我的手機就好熱鬧。

很多緊張的媽咪們，打電話或傳LINE來問我，「**暑假安安有什麼安排？**」、「請問安媽，要讓安安上哪些課呢？」我心裡頭正納悶：「怪了！不是才剛放暑假嗎？哪

有什麼課要上？」這才知道，這些比孩子認真千萬倍的媽咪們，已經想好利用暑假，讓孩子繼續衝刺，奮發努力「不停歇」。

有的報名ㄅㄆㄇㄈ課，有的要補英文，有的參加鋼琴加強班、有的加入圍棋速成營。還有同事跟我說，他有一個朋友，把還在念幼兒園的孩子送到新加坡，參加為期一個月的夏令營，自己和老公則是縮衣節食過日子；他的另一個朋友，把小小孩送到日本，媽媽開心的拍下孩子的可愛照片，天天ＰＯ上網跟親朋好友分享，像是孩子戴上日本幼童的黃色小圓帽、一起排路隊的照片、一起玩沙坑，都引來親友讚聲連連，只有我問她：「孩子有日本血統嗎？怎麼會到日本幼兒園上三個月的課啊？」她說：「孩子沒有日本血統啊，就媽媽覺得，兒子變成日本小孩超級可愛，又可以學日文，就送去啦！」同事還睜大眼睛反問我：**「凱云姊，妳都沒有幫安安安排嗎？」**頓時間，我似乎成了超級不認真的媽媽。

孩子愛耍賴、發脾氣？小心是缺乏運動

其實，日本和歐美都一再有研究提醒家長，與其讓孩子坐著學，還不如讓他多活

動，因**活動不足的孩子**，會直接或間接造成許多成長困擾，包括**自律神經功能低下**，**荷爾蒙分泌異常**等。這樣的孩子進入小學、升上國中之後，有的無法專注念書，甚至拒絕上學，長大後，也容易變成足不出戶的宅男、宅女。

日本早稻田大學也研究發現，日本孩子每天的步行量，正以令人吃驚的速度大幅衰退。以幼兒園裡的五歲孩童為例，一九八五年的五歲孩子，每天平均步行量有一萬兩千步，到了一九九一年，退為七、八千步，現在的孩子恐怕連五千步都不到。不僅限於日本，在臺灣也有同樣的問題，根據兒福聯盟研究顯示，近五成的兒童沒有每週運動的習慣，僅一成六每週運動三次以上。

過於便利的世界，**過度心急的父母，讓孩子困在小小的舒適圈裡，造成孩子四體不勤、作息紊亂與學習能力低下**。

運動攸關身體健康，更關乎心靈健康，有些孩子ＥＱ差，動不動就**耍賴、發脾氣**、無法和朋友們和平相處，專注力不足、缺乏意志力等，這些足以造成「學級崩壞」的問題（編按：指學童不聽教師的規勸，上課之際，在教室走動、隨便外出及對教師口出髒話等破壞行為），不少專家都認為，**和孩子幼兒成長期欠缺運動大有關係**。

因此，害怕孩子輸在起跑點上的家長，可能反而揠苗助長，補壞孩子的學習胃口。花再多的錢和時間，可能都換不回孩子的好奇心和求知欲，更換不回擁有強健體魄的孩子。

更何況，孩子還那麼小，未來等著他們認真念書學習的時間，還長達一、二十年，為什麼不讓孩子在最沒有壓力的幼兒期，盡情的活動、盡情的玩樂、盡情的歡笑呢？尤其在愉悅的氣氛下，進行遊戲和體能活動，有更豐富的學習和動腦訓練，這是坐在桌子前面，老師抓著小小孩的手學寫字，怎麼也學不到的收穫。

所以，我常在安安下課後，帶他到公園跑跑跳跳、吹吹風，我們母子倆會天馬行空的亂編故事，隨著劇情在草地上追逐嬉戲。

假日與其努力上課，不如帶孩子到戶外放電，更能增加他們對世界的好奇心與求知欲。

比方說，我是一隻怪獸大暴龍，看到可愛的安安，想把他抓回恐龍世界，而公園中央的大樹正是安安的家，因此安安要在大暴龍的追趕下，趕緊躲回安全的家；又或者，安安小兔子生病了，兔媽媽帶著小兔子找一號大樹醫師看診、二號大樹醫師檢查、三號大樹護士打針，但眼看醫院快要關門了，所以我們得連跑好多地方；我還常鼓勵安安**爬樹**，讓他挑戰一下，**不一樣的空間感和距離感**。

你還記得自己孩提的時候嗎？你希望爸爸、媽媽把你的時間排滿嗎？還是希望有追逐打鬧的遊戲時間？我一直覺得，**適度的野放是必要的**，尤其是寒暑假，更是讓孩子放空、放鬆的好時間，**讓孩子陪陪自己，也陪陪我們**。唯有讓杯子裡空下一些水位，才能再度注入甘泉。

減・法・教・養

為孩子安排過多的課程，反而容易造成孩子學習力低下、專注力不足。

2. 大自然是最好的教養老師

你有多久沒有把被鞋襪禁錮的雙腳，泡在冰涼溪水中？你又有多久，沒有光著腳丫子，在沙灘上製造出一個又一個的腳印呢？

好吧，我承認我是個愛玩的媽咪。儘管夏天氣溫一天比一天飆高，然而蟬聲唧唧，溪水沁涼，總像是聲聲催促、呼喚著我一樣，愛玩的媽咪總是忍不住帶著孩子玩水消暑去。

我們的生活老是被都市水泥叢林包圍，我們的孩子也離大自然越來越遠，甚至習慣3C和充滿物質便利的生活，身為希望孩子健康長大，愛山愛水的媽咪，我很努力翻轉這樣的局勢——不過度保護、不怕孩子弄髒雙手。

多接觸大自然，帶孩子走出戶外盡情探索。

因為在我眼中，大自然是個神奇寶庫，微風、露珠、海浪、花草樹木、蟲鳴鳥叫，都是大自然教室裡，開啟大小朋友各種感官的老師。

如果有時間，我會帶孩子看看不同的風景，我曾獨自帶著當時才四歲的安安到澎湖旅遊，那幾天我們參加了好多海上活動，我們搭船、釣魚、潛水，也在有教練的安全防護下，在淺灘划獨木舟。孩子在玩樂當中，打開身體所有的感官和好奇心，他看到了什麼叫兒歌裡的「白浪滔滔」、聽到了海浪的聲音、船舶的引擎聲和氣笛聲，甚至是海鷗飛翔而過的聲音。

安安和我小手拉著大手，體驗海水的溫度和力道；也聞到甚至嚐到海水鹹鹹的味道。那天，他仰著小臉問我：「媽咪，海水好鹹哦，跟家裡的水不一樣耶？」對於他小世界裡的這個大發現，我立馬**讚賞並鼓勵他**，也請**他想想海水的味道和什麼很像**？**再告訴**他海鹽變成家中精鹽的**故事**，心中也計畫著，改天要帶他到臺南七股鹽山親眼見證製鹽過程。而這一刻也更讓我確定，誰說知識一定要在書本裡和課堂上，大自然不正是孩子們最好的教室嗎？

還有個秋老虎的微涼午後，我和安安來到新北市八里挖仔尾自然保留區，進行濕地觀察。

隨著潮夕變化，濕地裡的寶貝陸續出現，有水路兩棲，以獨特彈跳方式行進的彈塗魚、還有數量龐大的招潮蟹家族，有穿著白色盔甲，背甲和螯都是白色的清白招潮蟹、有身披紅戰袍賣力揮舞大螯的雄蟹，還有黃色螯，喜歡躲在水中露出像潛望鏡一般大眼睛的萬歲大眼蟹。另外，草叢邊、天空上，更有烏龜和白鷺鷥點綴，孩子們像個大探險家一樣，走進紅樹林裡左看右瞧，但早就約法三章，**大家只看，不追，更不動手抓。**

帶領活動的家長，帶著孩子們玩遊戲，首先要小朋友在濕地跳三下，原本冒出頭的小螃蟹，嚇得全躲起來了，接下來要孩子全都不能動，開始讀秒，結果當大家從一開始數到二十、三十時，小螃蟹開始一隻一隻冒出頭來，遊戲還沒結束，緊接著還有個**吶喊測試，孩子原地不動但用盡全力大喊，究竟小螃蟹會不會被孩子們的聲音嚇到呢？**實驗證明，螃蟹不怕聲音，怕震動。

這個遊戲，讓當天的濕地觀察提升到另一個層次，孩子們不只打開五感來感受，聽到海邊紅樹林被風拂過的沙沙聲、聞到海水再加點腥臭的濕地味道，看到各式各樣的大自然寶藏，更和招潮蟹「互動」。最後，孩子們再用畫筆，畫下一天的觀察，收穫滿滿。

親近海洋，機會教育尊重生命

臺灣四面環海，壯麗的海岸線綿延一千兩百公里長，身為海島國家福爾摩沙的子民，因此我也希望孩子對環抱臺灣的海洋，有多一點認識。尤其春夏，是潮間帶最熱鬧的季節，光是寄居蟹就非常有看頭。

寄居蟹的產卵期間，正落在春夏之間，寄居蟹媽媽一次產上百顆卵，如果你停下腳步仔細看，會發現潮間帶的大小礁石上，布滿著各式貝殼、充滿活力的小小寄居蟹。

潮間帶是指海水漲潮到最高位，和退潮至最低位曝露出海面的水域。受潮汐影響，潮間帶每天會有一、兩次被海水覆蓋，又會有一、兩次會裸露出來，因此要觀察潮間帶，就要把握退潮時間，還得記得換上可以下水的鞋子，以

我們一起在海邊探險，大家有發現「隱形」的螃蟹嗎？牠用保護色和礁岩完美融合了。

免前進潮間帶探險時，遭裸露的礁石割傷腳。

原本，我們是為了看寄居蟹而去的，沒想到，那個午後演出大驚奇，讓我們驚呼連連。

我們先看到成群攀爬高手寄居蟹，在潮水交接處，像開 party 一樣熱鬧穿梭；在石縫中發現幾乎「隱形」的大螃蟹，因為牠的保護色完美到和礁石融為一體，如果你不是慢慢走、仔細觀察，肯定會被螃蟹的保護色給騙過；當我們雙腳踩進淺淺的潮間帶，才走兩、三步路，又看到一群又一群快速游過的小魚，還發現在石頭下伸出觸腳的黑色海星。

能看到魚群和海星，已經讓我們興奮不已了，沒想到再往前走，海水才淹過小腿肚，兩隻肥嘟嘟的生物從眼前悠悠晃

豐富又有趣的海洋生態，不僅可以打開孩子的視野，也是進行生命教育最好的機會。

過。牠胖胖的身軀，賣力揮動的小小魚鰭，讓我忍不住驚呼：「是河豚耶」一，這可是我第一次，不是在電視機或水族箱中看到河豚。我們遠遠的、**靜靜的觀察野生河豚，不驚動牠、不打擾牠**，但這時卻有家長拿起網子一把撈起，為的是要讓自己的孩子看到河豚生氣鼓滿刺的樣子，我看得好心痛，這時當然也趕緊對安安**進行機會教育，強調尊重生命，保育生態環境**的重要性。

孩子是天生的探險家，給他環境和時間，自然而然的他會**打開所有感官，去體驗、觀察、享受**，而潮間帶正是人們親近海洋時，最先接觸的地方，海邊豐富的生物，更是自然教育的最佳教室。除了用

眼、用耳、用手，安安還會舔一下手上海水的味道，開心的跟我說：「媽咪，這裡海的味道，和墾丁、澎湖不一樣哦」我想這些收穫，是抱著刺激聲光的3C或翻閱書本，完全沒有辦法感受到的。而且，如果你有時間，還可以跟孩子聊聊生命的韌性。

潮間帶的小生物們，求生力很強，不但要耐乾旱、耐炙熱，還要耐沖打，因為滿潮時海水淹沒，潮間帶生物受海水溫度影響，乾潮時暴露在空氣中，又受空氣溫度左右，海溫、氣溫，溫差變化大，加上漲退潮之間，海浪拍打所帶來的衝擊，造就潮間帶生物的特殊生存能力。只是再強的生命力，也抵不過人類的恣意破壞，海邊廢土、垃圾、漂流木，首當其衝的正是潮間帶的小生物們。

或許孩子不懂，但心裡會種下某些種子吧，等待未來的某一天，慢慢發芽。

減法教養

運用讚賞、鼓勵，甚至講故事，帶孩子盡情探索世界。

搭乘公車

- 自臺北市塔城街搭往八里的三重客運 → 挖仔尾保護區。
- 自臺北捷運關渡站前搭八里的淡水客運 → 挖仔尾保護區。
- 從臺北北門塔城街搭往八里聯營 704 路公車（三重客運），或從北投、關渡搭 632、紅 22 路公車 → 挖仔尾保護區。

自行開車

- 往八里近十三行博物館之博物館路右側到底。

豐富的濕地生態，適合親子一起探索大自然。

八里挖仔尾自然保留區

廣達30公頃的生態保護區，因為入海口地形彎曲，所以被稱為「挖仔」。在這裡，可以觀賞到珍貴的濕地生態，整片綠油油的水筆仔、紅樹林，以及馬鞍藤、蘆葦等多種類的河口植物。在每日漲退潮時，還可以看到各種生物，如彈塗魚、招潮蟹等。此外，這裡也是眾多種類的候鳥及留鳥的棲息地。

景點資訊

地址位置 新北市八里區挖仔尾街
連絡電話 886-2-26102621
開放時間 全年開放

交通方式

搭乘捷運

- 捷運淡水線關渡站 → 紅 13 路接駁公車 → 挖仔尾保護區。
- 捷運淡水線淡水站 → 渡船 → 挖仔尾保護區。

3. 玩沙，玩出高敏感天賦

你曾注意過嗎？孩子對玩沙好痴迷啊！不管在公園的小沙坑，或是海邊一大片沙灘，如果沒有大人阻止，孩子們肯定樂此不疲。

一開始，我也是個怕孩子玩髒的媽媽，怕有病菌，更怕衣褲搞得髒兮兮，老媽子我還得回家用力刷洗。但是，有一回無意間讀到美國、德國和我們鄰近的日本，都盛行讓孩子摸沙、塑沙、玩沙，才驚訝發現，原來**玩沙**對孩子來說，天生就有不可抗拒的魅力，而在玩樂的過程當中，更**有不可取代的學習力**。

根據北海道教育大學的笠間浩幸教授研究，他指出，玩沙可有效促進孩童的腦部

透過玩沙、摸沙，以五感體驗大自然，有不可取代的學習力。

發展，分別有以下五項效果：

一、藉由手腳的觸感，可直接刺激大腦的發展。二、發揮想像力和創造性。三、激發科學和數學的基本概念。四、促進語言發展。五、建立人際關係和社會性。

如同這份研究所提到的，玩沙的好處非常多，不但可以透過手眼協調，刺激大腦發展，把無形的沙子，做成沙雕或城堡，更能讓孩子思考從平面到立體，該怎麼蓋、要用多少沙來堆，進而培養架構思考。最重要的是，玩沙沒有任何限制，只要一起玩沙，孩子們很快就能打成一片，讓孩子學習與他人相處、溝通協調。

沙子是可塑性極高的天然玩具，質地顆粒有粗細，碰上不同介質、溫度和軟硬度更有千萬種風貌；細心一點的孩子，在海邊玩個幾次沙，就會發現每個地方的沙灘都長得

安安被沙子覆蓋，頑皮的跟我比勝利手勢。

不太一樣，有的細緻、有的像珊瑚沙顆粒較粗、有的甚至是由小石頭組成的，如果是貝殼沙，孩子們還可以尋寶，在沙堆裡挖出各式各樣的美麗貝殼；沙子的顏色差異更大，有雪白、米黃、灰黑，甚至在希臘，據說還有超迷人的粉紅色沙灘。

沙子的質地和粗細本來就各有面貌，加上太陽照射和海水包覆，溫度和柔軟度更呈現不同層次，孩子在遊戲中，五感很容易被打開，感知也會變得越來越敏銳。

沙子的魅力每個孩子都抗拒不了，我家小安安當然也一樣，但說實話，我對公園裡的小沙坑還是不太放心，總擔心可能會有貓或狗等動物的汙染，因此我喜歡跑遠一點，帶安安到海邊玩沙，少了衛生顧忌，讓他在安全的前提下，盡情玩耍。

我們曾在臺中高美濕地，雙腳被溫暖的海水

和細沙漫過，在上頭追逐一隻又一隻超愛玩捉迷藏的小螃蟹，我們也曾在宜蘭頭城海邊蓋手印、畫愛心、蓋城堡，曾在澎湖吉貝沙尾的白沙島上跳躍翻滾。

有一回，安安和表哥們還發現，墾丁海邊沙灘連接陸地的斜坡有另類玩法，幾個小蘿蔔頭一鼓作氣的手腳併用賣力往上爬，你知道的，要爬上沙堆並不容易，因為手腳都深陷細沙裡，非常難以施力，小朋友們好不容易爬了上去，接著他們很自然的，把沙堆斜坡當成溜滑梯，從上頭滑沙下來。看到這一幕的我，忍不住揚起嘴角，心想，「多有趣啊，這不正是孩子們的阿公、阿嬤那一輩，在那個沒有玩具的時代，最天然的遊樂設施嗎？」

最後，安安玩開了，還說要把沙子當棉被，要大家幫他把身體覆蓋起來，這時大人、小孩都開心的，一鏟一鏟的把細沙堆在安安身上。過程中，安安本能的緊閉眼睛和嘴巴，不讓沙子跑進去，留下好幾張可愛照片。老實說，為娘的我，從小到大還沒玩過這一招，這種沙子在身上滑動，全身被包覆冰冰涼涼的感覺，我們家，只有小安安懂。

各國小孩都愛玩，在歐洲，沙坑比便利商店還多

孩子天生會玩也愛玩，還會玩出很多大人意想不到的新花樣，這是一般制式玩具，買不到的學習與收穫。據說**在歐洲，沙坑比便利商店還要多**，而在日本，不管小學、幼兒園或住家附近公園，也都有沙堆。因為，當孩子用手抓沙，或用鏟子、玩具把沙子鏟起來、塑形，手部的大小肌肉群都得同時派上用場，而在沙堆裡挖洞、蓋城堡，甚至在城堡外，再蓋個護城河，讓水從護城河中流過去，這些從無到有的過程，都可以讓孩子的創造力和想像力飛速提升，甚至他們還能邊玩，邊編造出屬於他們自己的童話故事。

若正值秋冬涼爽好時節，只要太陽露臉，夏天踩不得的熱燙沙灘，正好溫暖宜人，可以帶著孩子盡情享受；也有越來越多的親子餐廳裡有沙坑，有的用細沙，有的放動力沙（編按：由沙和疏水性液體組成的玩具黏土），有的用決明子取代（編按：決明子較乾淨，但因有卡在耳道的危險，請家長務必特別注意），當然這就更不受天氣影響，隨時都可以帶著孩子手腦並用，在玩樂中創造學習。

至於當爸媽的，不要因為怕孩子搞得全身髒兮兮，就剝奪他這種天生喜愛的樂趣，幫孩子多帶一套衣服，而且要求孩子結束玩沙活動後，一定要仔細幫每根手指頭洗乾淨，別讓指甲內留下細沙和汙垢。同時，也要漱漱口，避免風沙把病菌吹進嘴巴

裡造成感染，如此就能快樂玩沙，健康回家。

＊減＊法＊教＊養＊

玩沙是最天然的萬能玩具，藉由手腳的觸覺，不僅能刺激孩童的大腦發展，亦能讓孩子發揮想像力、創造力。

安安在沙灘玩得超級開心。

4. 自己搭帳篷、遞食材、收碗盤，孩子不當少爺、公主

露營不是花大錢買配備，而是能讓人感受到生活在冰冷都市中，失落已久的溫度，享受山林裡的新鮮氣息、帳篷前飄出的陣陣飯菜香味。更重要的是，讓孩子學習自立與團隊合作。

在我小的時候，根本不時興露營，那是個父母拚命工作求一家溫飽的時代，就連父母特別抽時間帶孩子出門旅遊過夜，都鮮少有機會。

我算是很幸福的。因為從小，老爸、老媽就經常帶我們四處玩，但是老爸總覺得，好不容易出門一趟，一定要住得舒服。因此，搭帳篷露營，絕不會是我們家的選擇。

我第一次紮營，住在薄薄、小小的帳篷裡，是在高中的時候。跟著救國團溪阿縱走（編按：六〇、七〇年代，熱門的健行路線），前進武陵農場，有幾個夜晚，就縮在睡袋裡，在滿天星斗相伴下進入夢鄉。

當時露營對我來說，是個非常新奇的體驗。

看到搭營裝備，我和夥伴原本只會傻笑，但在小隊輔的帶領下，我也跟著大家合力張開帳篷。

風一來，把帳篷鼓得滿滿的，我們用力拉住四個邊角，避免被風吹掀；接著拿出營柱一根根接好、固定位置，並鉤好四個邊角，這時出現了帳篷的雛型。

讓我印象很深的是，正當我們七手八腳、展開搭營帳初體驗時，在救國團永遠扮黑臉的值星官板著臉，拿了一把榔頭走來。當時，我嚇了一大跳，心中犯嘀咕，我們只是搭得比較慢一點，值星官竟然帶著「凶器」來嚇唬人，太可怕了吧！結果，這時值星官蹲了下來，在帳篷的第一個邊角釘下營釘，我這才恍然大悟，原來榔頭是工具，不是凶器。

我和夥伴們趕緊把另外三個邊角，用石頭敲下營釘。四個角牢牢的鎖在泥土裡，就不怕大風吹了。接著，小隊輔帶著白白的粉末，說是可以防蛇的石灰粉，要我們在帳篷外灑上一圈，避免蛇的侵擾。

還記得大半夜要上個廁所，還得叫醒身邊的夥伴，兩個小女生手挽著手，帶上手電

即使沒有最好的配備，大小朋友都能與大自然無縫接觸。

筒，小心翼翼的走，就怕一不小心掉進山谷裡。那種原始和刺激感，讓我至今印象深刻。

沒想到，當我為人母，安安長大的時節，正是全臺瘋狂露營的時節。

很多人家裡的帳篷一個比一個大，一個比一個美，一個比一個舒適，裡頭有充氣床墊、枕頭、棉被，外頭還有客廳、桌椅，甚至還有不少人，大手筆買下露營車，直接開進山林當宿舍。

但是我沒有砸錢購入一堆配備，偶爾有露營機會時，我們山林裡的棲身之所，就用租的或借的。因為對我來說，露營的重點不在備配好不好，而是在於和大自然的無縫接觸，能讓孩子呼吸清新空氣、遠離並放下手邊的3C產品。而且，露營野炊時，也可以讓孩子幫點小忙，例如遞食材、拿工具、收碗盤等，訓練孩子在外的獨立自主能力。

我自己也特別喜歡露營那種，整天被大自然環抱的感覺。白天舉目所及全是綠意，有層層疊疊的山巒，有高聳入雲的大樹，夜裡一抬頭就是月娘高掛、滿天星斗；耳中享受的樂章，是潺潺溪流和蟬聲唧唧的合奏曲；更棒的是，還能擺脫都市汽機車的廢氣，和毒害肺部及全身健康的PM二·五（編按：細懸浮微粒。若環保署發布之空氣品質指標AQI達到橘色或紅色等級，建議外出應戴口罩、或減少在戶外活動時間，並加強個人衛生防護）。在山林裡，嗅到的都是新鮮氣息，是土地和花朵的芬芳。尤其清晨走在薄霧裡，還能聞到早起的人才能獨享的露水青草香，這些都讓我覺得渾身暢快。

當然，用餐時刻，每個帳篷前飄出的陣陣香味，甚至是共享食物，更讓人感受到生活在冰冷都市中，失落已久的溫度。在城市裡長期匱乏的人情味，在山水帳篷間，短暫出現。

更棒的是，對大朋友、小朋友來說，整個營區都是遊戲區。

不管你是要追趕跑跳碰、踢球、丟飛盤、挖沙、攀樹或下水捉蝦、摸魚，只要在安全的前提之下，孩子想玩什麼，我就會讓孩子盡情去嘗試，還可以藉此培養孩子的冒險心和觀察力。

露營不是戰鬥營，放輕鬆最重要

有一次露營，我們和弟弟全家一起出動，搭好帳篷後，帶孩子到及膝的淺溪裡捉蝦、撈魚。小蝦和小魚在溪水裡，身手了得，哪是我們撈得到的。就在大夥聚精會神的時候，安安突然大喊：「我撈到了！我撈到了！」我們三步併兩步湊前一看，這隻頭大大的「魚」，看起來有點奇怪，原來我們家安安抓到蝌蚪了。

那天我們抓到好幾隻蝌蚪，有長出兩隻後腳的，也有冒出四隻腳的蝌蚪，孩子們正好成為最棒的小小生態觀察家。

我一查也才知道，原來在生物演變當中，蝌蚪變成青蛙的過程稱為「變態」。蝌蚪發育中期先長出後腿，至於前肢則在發育末期才會成型，原本用鰓呼吸的蝌蚪，也會完全改用肺和皮膚呼吸，由水生轉化為水陸兩棲。這些百科全書上的硬知識，如今活生生的在孩子面前展現，想忘記也難。

後來我們又在石頭縫中，撈了幾條魚和幾隻蝦，孩子們搞得全身溼淋淋，直到大夥玩夠了，我們將這些小生物送回家，告訴孩子們，這裡可是牠們的地盤，得好好愛護，下回才有更多小生命，生生不息的陪伴。

徜徉在大自然提供的遊戲、樂趣和驚奇裡，很自然的，孩子被帶離聲光刺激的

3C產品。當然**大人也要以身作則，盡量放下手機、電腦，好好陪伴孩子伸展筋骨。**因為，這對住在都市叢林裡的孩子們來說，是個難得的機會，平時根本沒有寬廣的活動空間，假日也受限於場地，要不就是人擠人，要不只能從事室內活動，活動量當然不足，這對孩子的肌肉骨骼發展都不好。

然而，**露營不管玩什麼，都得運用全身肌肉**，孩子受益的同時，也可以暖暖爸媽好久不動的老骨頭。

在河邊撈魚、捉蝦後，便將小生物送回家，教孩子愛惜生命。

那天夜幕低垂時，營主更帶我們探訪成千上萬的螢火蟲。黑夜裡一閃一閃的光芒，像極了在耶誕樹上閃爍著忽明忽滅的燈光，也像奧斯卡頒獎典禮的星光大道，彷彿自己走上紅地毯成了大明星，兩側都是搶著拍照、起此彼落的閃光燈。

夜裡，仰望無垠星空；看著一個個營帳透出的燈火，在霧靄包圍中散發著氤氳光芒；聽著雨水淅淅瀝瀝彈跳在帳篷上的聲音，以及孩子秒睡的呼吸聲，內心升起一種難以言喻的滿足感和幸福感。

露營的重點在全家相處的美好時光，不必把露營搞得像戰鬥營，放鬆就好，好好享受溪水、微風，以及孩子跟你的對話。這些細微的小事，收穫的不只是旅途的風景，還有全家人共同嘗試一件新事物的滿足與感受。

減・法・教・養

露營不是設備添購越多就越好，重點是父母要和小孩一起享受大自然，並放下手邊的3C產品。

5. 獵人學校：不怕髒，才能放手探索世界

「如果能有那麼一天，可以籌建一所學校，去教孩子們，關於土地、自然與人的關係，讓我們在臺灣這片土地上，打造一所與大自然共舞的快樂天堂，關於這個天堂，我們稱之為獵人學校。」

——「獵人學校」一詞創立者 Sakinu 亞榮隆・撒可努

你知道臺灣有「獵人學校」嗎？而且，不是藏在中央山脈的窮山峻嶺之間，而是在繁華的雙北市裡。這神祕的「獵人學校」就在新北市烏來。

烏來是北臺灣著名的山地原鄉，長期住在這兒的，是臺灣第三大族——泰雅族。

相傳「烏來」這個地名，就是泰雅族原住民用語中的「Ulay」，水很燙要小心的意思

（Kiluh-ulay），代表的正是烏來著名的溫泉。

我帶安安到烏來，不是為了有「美人湯」之稱的碳酸氫鈉泉，而是為了體驗原住民文化。新北市政府為了推廣烏來觀光，舉辦不少頗具特色的原住民活動，我們母子就參加過好幾次，最具特色的，正是他們的狩獵文化。

生性剽悍勇猛的泰雅族，是高山狩獵民族之一。部落男子從小就得跟隨優秀獵人學習，在森林裡辨識動物的足跡，了解動物的習性和經常食用的植物，好在最短的時間、最精準的地點順利捕獲獵物。

泰雅族獵人運用自然環境素材的狩獵技巧，堪稱一絕，對於我們這些來自高樓大廈的「都市俗」來說，還真是開了眼界。

活動當天，獵人就地取材，現場製作兩種捕獸陷阱。

一種用藤條加棉繩製成的陷阱，主要抓竹雞、雉雞等小型動物；另一種目標是獵捕大型動物，包括山羌、山羊和山豬等。獵人小心翼翼的用樹枝和木片搭設陷阱，周邊還用樹枝和樹葉覆蓋偽裝，同時還得阻斷動物可能會行經的其他路徑，引導獵物一步步走向陷阱，自投羅網。

當時獵人手腳俐落的製作完捕獸陷阱後，開心的徵求，有沒有小朋友願意用手壓壓看，看看陷阱會出現什麼變化。**一開始有很多孩子躍躍欲試、想舉手，沒想到都被爸媽擋了下來**，有人說：「危險」，也有家長說：「不要碰，手會髒！」

讓孩子勇於嘗試，更有意想不到的收穫。

獵人老師就在眼前，這難得的機會，我當然鼓勵安安勇於嘗試。

結果安安伸出小手一按，就像竹雞踏入陷阱一樣，藤條彈起、棉繩束緊，套住竹雞的腳，而這回捕獸陷阱的棉繩，捕獲的是「安安的食指」。大家看得哈哈大笑，在笑聲中，獵人老師也帶著安安示範，製作陷阱的簡單技巧。

那天我和安安從頭到尾，笑容不斷、驚喜不斷，也享受了狩獵文化中，拉弓射箭的快感和樂趣。

對於其他孩子們在爸爸、媽媽的制止下，無法開啟心中的好奇心和冒險心，我真心覺得萬分可惜。更無法理解，爸媽們好不容易撥出時間帶孩子上山參加活動，更難得有這「安全的體驗機會」，竟然因為怕孩子一根手指頭碰到泥土

拉弓、做竹筒飯，體驗泰雅族當地生活，是我們在都市學也學不到的。

「會弄髒」，就剝奪了孩子學習的渴望。

對我來說，不怕髒，才能放手探索全世界。手若髒了，吃飯前洗乾淨，不就好了嗎？

在原住民體驗活動，讓遊客DIY竹筒飯也是重要的一環。當日的午餐，我們烤著山豬肉，搭配著自己做的竹筒飯，心滿意足。

據說，有些甚至得從頭做起，連竹子都得自己鋸成一節一節的竹筒，再把糯米填裝進去。有趣的是，當熱騰騰的竹筒飯飄香而來時，如何吃到裡頭香Q的糯米也有學問。我們跟著老師，拿著竹筒一角，敲擊堅硬的石頭，竹子破裂後，把部分竹片扳起，才可以享用這完全不同於都市精緻料理，充滿原住民狂野、最原始的天然美味。

＊減＊法＊教＊養＊

在確定孩童安全的狀態下，不妨試著讓孩子勇於嘗試。

其他相關獵人學校

名稱	族群	縣市
撒可努的獵人學校	排灣族	臺東縣太麻里鄉
寶山社區獵人學校	布農族	高雄市桃源區
鸞山部落森林博物館	布農族	臺東縣延平鄉
吉籟獵人學校	阿美族	花蓮縣壽豐鄉
花蓮溯溪 · 特陸谷	太魯閣族	花蓮縣秀林鄉
裡冷部落獵人教室	泰雅族	臺中市和平區
泰雅獵人學校	泰雅文史發展協會	宜蘭縣大同鄉
合流部落獵人學校	泰雅族	桃園市復興區
卡拉模基文化營	泰雅族	新北市烏來區
下盆獵人學校	泰雅族	新北市烏來區
泰雅巴萊部落村	泰雅族	新北市烏來區
松鷹獵人學院	泰雅族	新竹縣五峰鄉
五峰獵人學校	泰雅族	新竹縣五峰鄉
霞喀羅古道獵人體驗	泰雅族	新竹縣五峰鄉
梅嘎蒗獵人學校	泰雅族	新竹縣尖石鄉

獵人學校

近年來，許多獵人學校興起，將原住民族獵人的生活，轉換成遊客可以參與的短期體驗，除了狩獵技能及野外生存知識，如體能挑戰、陷阱解說、烤肉、射箭、搗麻糬、自製竹筒飯，部分也有溯溪、生態觀察、夜間觀察等，讀者可至各相關網站洽詢及預約。

給樹營地

地址 233 新北市烏來區烏來西羅岸路 132-5 號
電話 02-2661-7349
官網 https://www.gesuw.com

烏來葛思悠農園

地址 233 新北市烏來區西羅岸路 112-1 號
電話 02-2661-7460

德拉楠文化營

地址 233 新北市烏來區福山里 3 鄰卡拉模基 9-2 號
電話 0926-264-271
官網 https://zh-tw.facebook.com/tranan2015/

6. 看牙很恐怖，但能讓孩子學會正向思考

你害怕看牙嗎？知道牙齒保健重要性的大人，尚且對看牙敬而遠之，更何況什麼都不懂，只想吃蛋糕、糖果、喝汽水的小小孩。

以前我曾有這樣的恐怖經驗，進入牙醫診所，還以為來到鬼屋！那時我剛出社會，有一次掛號看牙，卻在候診區聽到小小孩們此起彼落的哭泣聲和尖叫聲，驚悚的氛圍，和牙醫診所想營造的咖啡廳舒適感完全不搭。我還在白色診間門開闔的短短幾秒鐘瞄到，包括家長、護士，用力把小小孩的手腳，壓在診療椅上，其中一個，還把孩子的脖子扳過來。

這景象連我看了都緊張，更何況在一邊候診，一邊聽到可怕哭嚎聲，馬上就要輪

到自己成為待宰羔羊的孩子們。候診區大家的情緒越來越焦躁，臉上的線條越來越緊繃，這畫面讓我覺得不可思議，也更心疼這些被壓制在診療椅上，充滿恐懼的孩子們。當下，我也暗自決定，未來我的孩子要看牙，一定要找有耐心、愛心和經驗的兒童牙醫，否則那可怕的陰影，恐怕花三、四倍力氣都沒辦法消除，如果害孩子一輩子，想到看牙就成夢魘、能逃就逃，那就罪過了。

孩子究竟該何時開始看牙？根據美國兒童牙科醫學會的建議，孩子在長出第一顆牙齒的六個月內或滿周歲時，就該做第一次牙科例行檢查；至於何時該塗氟，這得看孩子的溝通狀況而定；一般三歲以下的孩子，會由爸媽抱在腿上，讓醫師快速檢查和塗氟，三歲以上的孩子，溝通能力和自我控制力更成熟，就可以獨自坐在診療椅上，在醫師的引導下接受治療。

我第一次帶安安看牙前，還特別花時間跟他玩**「看診遊戲」**。我先在網路上找了牙醫看診的照片，和他玩起角色扮演，他先當牙醫幫我檢查牙齒，再換我當牙醫，幫他把牙齒裡的小蟲蟲抓出來。遊戲讓他對看牙流程有心理準備，遊戲也讓看牙變有趣。

我一直覺得，人類最大的恐懼，就是對未知的恐懼。當噴槍和伴隨著尖銳聲的鑽牙機進入嘴巴，在你完全不知道這些器械，要對你做什麼的情況下，連大人都很害怕，更遑論孩子。因此，找個有耐心、能帶領孩子的兒童醫師是必要的。

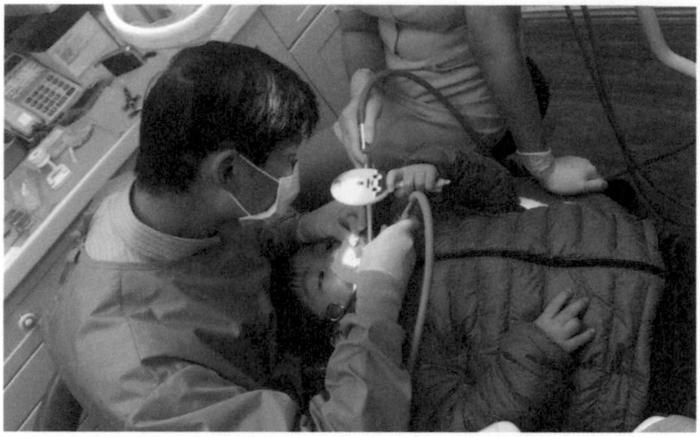

看診前，我會和安安玩「抓蟲蟲遊戲」，讓他有心理準備。

用「抓蟲蟲遊戲」，耐心引導孩子不怕看牙

那天牙醫師告訴安安，噴槍會吹出風來，接著他掛著笑容，用噴槍吹吹安安的頭髮，再把診療手套吹成一個氣球，畫上兩個眼睛和一個大笑臉，送給安安做紀念。接著，任何藥品或器械要放進孩子嘴裡時，醫師都會邊動手，邊用比喻讓孩子了解狀況，比方說：

「現在叔叔要用草莓口味的糖果，讓蟲蟲跑出來吃，這樣叔叔就可以幫你把蟲蟲抓光光囉。」

「現在放上一個東西，你會覺得嘴巴緊緊的喔，這是我們在你嘴巴裡蓋帳篷。」

當孩子聽懂了，卸下了心房，接下來的治療就變簡單了。

還記得有一次帶安安塗氟時，當時才兩、三歲的他，對奶嘴非常非常的依戀，媽咪可以不在身邊，但沒有奶嘴可不行。但是，當牙醫叔叔告訴他，繼續吸奶嘴很容易蛀牙，而且也會讓牙齒和嘴巴變形，變得醜醜

的，像小鳥尖尖的嘴巴一樣，完全出乎我意料之外的事發生了。沒想到，安安當天晚上，立馬戒掉他最愛的奶嘴，讓差點要用「辣椒戒奶嘴」老招的我，既驚奇又欣喜，更對牙醫師既崇拜又感謝。

那天安安看完診，還開開心心的到診所櫃臺選了個禮物，正面經驗的累積，至少讓他遠離恐懼。

臺灣兒童齲齒高達二・五顆

臺灣兒童蛀牙情況嚴重，據統計，臺灣兒童齲齒高達二・五顆，遠高於世界兒童平均的一・六七顆。很多家長認為，反正乳牙會掉不用在意，但事實並非如此，孩子六歲到十二歲是乳牙和恆牙的換脫期，在這之前，乳牙負責切斷、撕裂、磨碎食物，如果孩子經常牙痛，咀嚼能力受影響，腸胃消化吸收能力當然也會變差，等於直接影響到孩子成長發育的關鍵期。

另外，缺牙也會影響孩子臉部發育，更會讓剛學說話的孩子因發音不精準，長期被同學們取笑「漏風」，這樣如何能成為有自信心的孩子呢？因此，孩子在長出第一顆牙齒的六個月內，就得進行第一次牙齒檢查，之後每半年到一年，都得再回診。

在我眼中，牙醫師可以是爸媽教育孩子的好夥伴，可以告誡孩子得戒奶嘴，可以提醒孩子早晚刷牙的重要性，可以讓孩子知道吃糖果、巧克力和含糖飲料要有節制，可以和爸媽一起，守護孩子的口腔健康。

看牙可以是惡夢、可以是折磨，也可以有正面學習，端看你如何帶孩子面對。

減法教養

看牙可以是一種正面學習：勇敢面對令人害怕的事物。

第三章

美術課、體育課、自然課，怎麼讓孩子玩中學？

1. 你以為的完美、很棒，其實是制式教育

很多家長從小就幫孩子報名各種才藝班，但在這之前請思考一個問題：你對孩子的期望，是為了滿足自己的期待，還是為了孩子好？

安安從兩、三歲開始，就是個愛畫畫的孩子，也是個會畫畫的孩子；因此，要不要幫他找位美術老師？又應該幫他找什麼樣的老師和繪畫課程，開發出他更多的潛能，一度讓我傷透腦筋。

時間回到幾年前，那是安安的第一堂美術課，幼兒園的繪畫課。當時安安每週帶回來的「作品」，每一張都非常工整而完美。就是那種家長看了，會對孩子露出肯定的眼神，同時開心摸摸孩子的頭，讚許

「你畫得好棒」的那一種；有些家長甚至會拿著孩子的作品四處炫耀，猜想家裡誕生了一個美術天才。

比如有一張畫向日葵，從成品來看，顯然老師是先把圓圓的大花心剪好，要孩子在上面畫上點點，接著在圓圓大花心的外頭，請孩子們撇上一片片黃澄澄的花瓣（見左方上圖）。

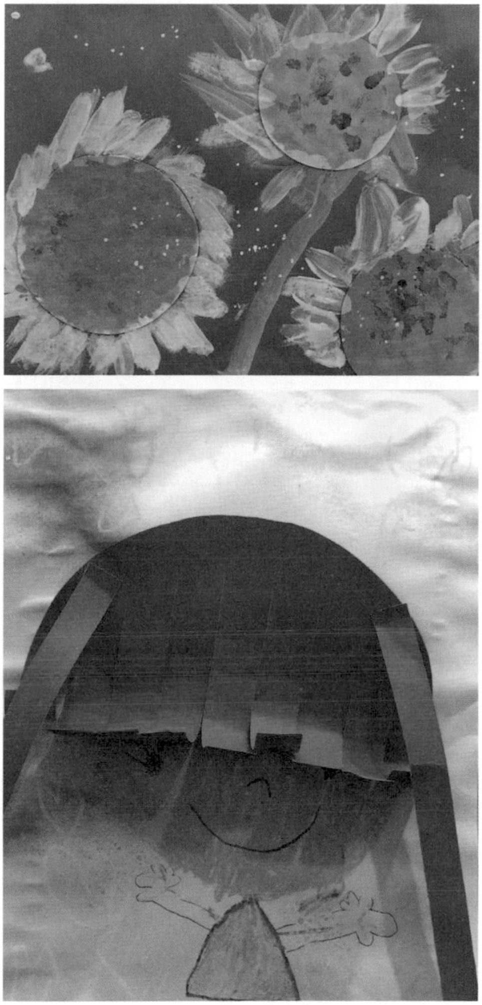

這兩張插畫的構圖都非常完整，但卻缺少孩子特有的童趣。

又比如有一張人像畫，是老師用海報紙，把娃娃桃紅色的頭髮先剪好，甚至連瀏海都先捲得翹翹的，還在人像的周圍，噴上大大小小的愛心，讓整張圖，結構清楚完整，又繽紛亮麗，再讓孩子完成最後一步（見第九十三頁下圖）。

看起來很漂亮，但是，我的內心卻一直隱隱有種不太對勁的感覺。終於，在安安上了三、四次課之後，我發現哪裡怪怪的了。因為，這些**作品太完美、太超齡**，也太工整了，**根本沒有四歲孩子的童趣**，完全不是四歲孩子能獨立完成的。

可以想見，老師用各種方式，掌控每一個小細節，力圖避免孩子的作品「走鐘」，讓孩子帶著一幅幅美麗的作品回家，贏得家長的掌聲，那麼家長就會繼續繳費，讓孩子學下去。

別讓你的小孩，成為新版「罐頭」

我們在很多觀光工廠的ＤＩＹ活動中，也常看到類似的模式。廠商把「作品」完成了八〇%以上，留下最後的一點外皮或表面，讓孩子上色；這樣的成品，美其名是孩子的ＤＩＹ，實際上留給孩子的表現空間極小。

但明明每個孩子的小腦袋瓜裡，裝的創意和趣味五花八門，只是在這樣的繪畫課裡，卻把孩子們變成像代工廠裡，依樣畫葫蘆的工人一般，做出幾乎一模一樣，罐頭般的成品，這讓身為家長的我，非常無法接受。

我知道，這不是安安需要的課程。換言之，如果讓安安繼續參加這樣的課程，不是在幫他，反而可能是害了他。因此，我立刻結束課程，並且開始打聽，哪裡有願意給孩子空間，鼓勵孩子任意揮灑的繪畫班。

很幸運的，在朋友介紹下，找到了一個美術班。這個美術班很有趣，第一次試上的時候，不只孩子要畫畫，大人也要畫。果然，現場每個家長畫出來的山、水、綠樹和白雲，幾乎長得一模一樣，顏色、線條如出一轍。原來我們早就被制約，被「罐頭化」了。

在孩子正式上課之後，第一期八堂課程，美術班也邀請家長共同參與；也就是，孩子在畫室裡頭上課，家長也得在外頭等候區「上課」。

你一定好奇，家長的課程內容是什麼？

除了基本的中、外美術史之外，這幾堂「**家長課**」，一而再、再而三強調的重點是：**「千萬不要用大人制式的眼光，評價孩子天馬行空的畫作」**。

誰說天空一定要是藍色？誰說太陽一樣要是紅色？

很多幼兒把天空或大海畫成紅色、紫色、黃色、黑色、綠色等，家長可能會喝斥「你亂畫」、「你畫錯了」；可是在真實世界裡，難道你沒在夕陽餘暉中，仰望赭紅燦爛的天空，或遠眺晚霞倒映、波光粼粼的大海嗎？

在這個幼兒繪畫班，大哥哥、大姊姊老師，會帶著孩子做水彩畫、半立體、全立體的作品，甚至還有我一輩子都沒玩過的水墨畫。也許很多人會覺得，這好像是大師級才能碰的繪畫方式；但誰說，不能讓孩子們邊玩邊挑戰？

幼童的塗鴉，可以從遊戲開始，多一點想像，不用細究寫實，不用重視畫得像不像，也不必關心畫得好不好，只要家長輕鬆看待，多給孩子一些創作空間。

曾經有幼兒美術專家說，幼童的畫是「表意」的。例如畫一個**大的人形符號**，可能就**代表了媽媽**，再畫一個**小的人形符號**，來**代表自己**，接著再畫**幾顆樹或幾朵花的符號**，**代表公園**。意思是：媽媽帶我去公園。

因此，不管孩子畫什麼，會不會畫，畫得像不像都沒關係，塗鴉是孩子的本能。每個人都從手還無法抓穩筆，就開始畫了，欣賞他、鼓勵他，父母甚至可以跟著孩子一起想像，一起編故事。這種親職教育，除了陪伴和了解，或許還可以在過程中，給孩子更多的腦力開發和刺激。

在美術班的教室裡，我不再只看到一幅幅宛如複製梵谷的「向日葵」；環顧大桌子旁的每一位孩子，我看到在同一個主題下，每個孩子都有不同的詮釋與呈現。

美學是一種觀念，美感是一種天賦，面對孩子無限的大腦想像空間，我們千萬不要用自己的框架，去限制住他們；想想看，如果因為我們的不了解，而硬是把未來的畫家，調教成工整的畫匠，讓孩子失去天賦的創意與能力，那會是件多麼可惜的事！

✶減✶法✶教✶養✶

畫畫不用教，而是一步步引導。別讓孩子「罐頭化」。

這是安安的第一張水彩畫，有樹、太陽、小花，還有他眼中的漂亮媽媽。

安安的第二張水彩畫，顏色也非常鮮豔有趣。

2. 從被丟棄的塗鴉，我看見孩子潛能

孩子的天賦如何發現？真的不難，不用特地上啟發課程，就在生活細節裡。它可能是一張隨手塗鴉、一段逗趣舞蹈、隨口哼唱的旋律。

早有姐妹們耳提面命，生男孩和女孩不同，女孩又乖又聽話，生男孩就不同，像個超級破壞王。小男孩精力旺盛，像勁量電池一樣永遠停不下來，老是東奔西跑，一會兒撞到桌角，一會兒撲街跌倒；只要大人稍不注意，還會學蜘蛛人爬上爬下，因此，生活中擦傷、流血，都是家常便飯。

至於男孩溫暖的家，更成為他們探索的大寶庫。抽屜、櫃子裡裝的東西，對男孩們似乎具有致命的吸引力，讓他們在好奇心的驅使之下，一次又一次翻箱倒櫃。

家長常在崩潰邊緣，因為剛整理好的地方，可能立馬就像被轟炸的大戰過後一樣。

我家安安雖然也愛玩這些，但還在為娘的我可以忍受的範圍，因為這個時而好動的小男孩，也有好靜的一面。只要拿一張紙，不對，一張絕對不夠，只要拿「一疊紙」給他，安安就可以乖乖畫上好一段時間。

還沒上幼兒園之前，安安住在臺中，由我爸媽照顧，因為爸媽習慣天天撕日曆，因此，我家牆上，年復一年，總有美麗風景的月曆，以及一本承載一年三百六十五天的厚厚日曆。

有趣的是，安安一天可以畫上二、三十張，速度快到家裡的日曆都超前月分被撕下，都還不夠他畫。

至於安安是怎麼展現繪畫天分的呢？這得從我收拾一大堆，要被丟棄的塗鴉紙說起。

當時安安快三歲了，在各式各樣的紙張和線條裡，我發現了一隻看起來像鯊魚的圖畫，有眼睛、有尾巴，還有長長尖尖的牙齒。當時我心中一驚，這不正是前兩天，和家人帶安安到屏東海生館玩，所看到的鯊魚嗎？

當時我抱著他在超大水族箱前駐足好久，欣賞色彩斑斕的熱帶魚悠游，時不時，像在海中飛翔的魟魚們也一隻隻過來湊熱鬧。當然，殺氣騰騰的海中霸主鯊魚，也沒錯過登場的機會。

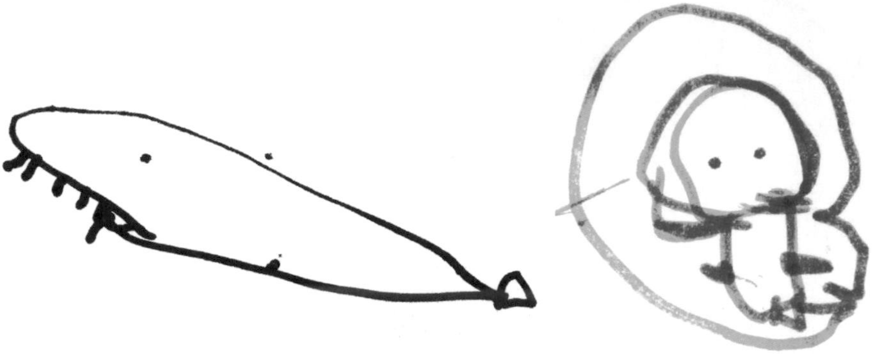

差點被丟進垃圾桶的兩張畫，竟是我發現安安畫畫天分的契機。左邊是鯊魚，右邊是嬰兒。

就這樣，一趟再普通不過的屏東海生館之旅，小寶貝竟然用他短短肥肥的小手，把鯊魚畫了出來，這讓完全不會畫畫的媽媽，又驚又喜。

過幾天，他跟我說他要畫寶寶，結果沒想到他畫出的是襁褓當中的嬰兒，單純的簡筆畫，卻能清楚傳達意象，真是讓我眼睛為之一亮。

由於，嬰幼兒的手部小肌肉還在發展階段，所以直線常常畫成歪歪扭扭的毛毛蟲，圓圈圈更是永遠難以成形，但有什麼關係呢？就讓他去努力，讓他慢慢去學習控制和嘗試吧！

當有一天，嬰幼兒拿起一枝筆，在地上或紙上塗鴉的那一刻，孩子的眼睛會發現，他居然能夠把自己眼睛看不見的東西，透過線條描繪，變成看得見的畫面。安安說，那

是一種很驚喜的感覺。我想對每一個孩子來說，這種從無到有的視覺經驗與喜悅，是成長歷程中的重大發現。

而當孩子**從點、線**，到能**畫出一個完整的「圓」**，代表著幼兒能將線條，從起點到終點作一個完整的聯結，專家說，這代表幼兒的**腦部意志、眼睛活動和手部操作**這三個環節之間，已能**完整的協調**，更是幼兒成長的一大轉捩點。

而且，孩子愛畫畫還有一個好處，那就是在外出用餐時，父母不用帶一大堆玩具，或是玩具一個換過一個，孩子可能還躁動不安，這時只要拿出紙跟筆，一切就搞定了。

因為我自己不會畫畫，所以我總是羨慕會畫畫的人，他們手中好像握了一枝魔法棒，能把想像帶到眼前，能讓一切躍然紙上鮮活起來。畫畫時的那種忘我與聚精會神，常常讓我大為驚訝和感動。令媽咪更驚喜的是，沒想到在我要出書時，安安的簡筆插畫塗鴉，居然能變成這本書最棒的插畫。謝謝你，我的小小寶貝插畫家。

減法教養

不強迫孩子學習，而是從日常生活中觀察他的興趣和天賦。

畫畫不用「教」，要一步一步「引導」

超人氣職場圖文作家／**馬克**

我從小只會畫畫，畫畫是自己一直以來最熱愛的事物，而且小時候最喜歡畫飛機，但並沒有特別去「學」畫畫。因為，對我來說，一支筆、一張白紙，就能勾勒出所有想像，可以隨心所欲的塗鴉，並且從中獲得成就感。

「唯有在面對空白圖畫紙時，我就是國王，雖然我不擅長念書，但在畫畫的世界，可以自由自在的揮灑，我想這應該就是考一百分的感覺吧！」

相對於現在的小朋友，很多都是從小就在上畫畫班，我認為，這並不一定能真正啟發孩子們的繪畫天賦，因為小朋友畫好的作品，大部分是老師、家長「教」出來的；而且有些小朋友，就只會在課堂上畫畫，一下課他就不會畫了，這是由於小朋友渴望得到稱讚、認同，但卻容易造成孩子對大人的過度依賴，因而抹煞了自己真正的想法或天賦。

運用五感，讓孩子自己決定形狀和色彩

那麼，該如何挖掘孩子的畫畫潛力？我認為，方法其實非常簡單，從線條開始就可以了。接著，再由多個線條連結成面，多個面結構成一個基本元素，而多個基本元素的配置，就形成了構圖。在上述的過程中，孩子能訓練自己的組織能力，可算是最簡單的一種學習方式。

除了練習構圖以外，「塗顏色」也是很好的練習。就像在玩遊戲一樣，用手上的彩色顏料，不斷的塗抹、堆疊，將腦海中的世界自由揮灑在圖畫紙上，不僅可以磨練孩子的觀察力，也能為孩子帶來完成一件事的成就感，以及激發更多潛力、提升自信心。

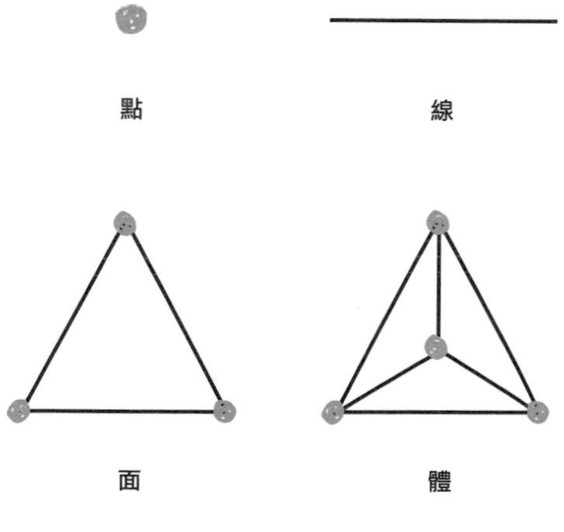

3. 打開孩子的嗅覺、視覺、聽覺，激發觀察力

「天空為什麼會下雨？」「爸爸為什麼會放屁」……孩子老愛問為什麼？其實，孩子對於世界的認識，就從觀察開始。

就拿安安很喜歡畫畫來說好了。

安安只要有空，就愛畫畫，每天都可以畫出十幾張作品；有一次，他主動為自己的畫加上註解。

安：「媽咪，這是我的海報。」

媽：「海報？」

安安畫的電影海報，有故事情節、有英雄角色。

安：「對啊！看電影不是會有主角的介紹海報嗎？這就是我的介紹海報！」

不一會兒，栩栩如生的人物主角，就活靈活現躍然於紙上。主角的臉上有表情，手部還有動作，甚至還拿著寶劍與毒蛇大戰。小小一張的A4紙，像分割畫面一樣，畫出了情緒，畫出了故事情節，更畫出他所投射的英雄形象。

那一陣子，安安很著迷日本漫畫「七龍珠」，所以他會畫上「七龍珠」主角悟空的服裝，然後衣服中間也寫上大大的「悟」字，但會在旁邊標註，這個人是「悟安」，也就是「變成悟空的安安」。

在繪畫過程中，我也發現，會

安安畫的桃太郎和犬乃助。

畫畫孩子的觀察力特別敏銳，觀察的細膩程度，讓大人都佩服。以「七龍珠」來說，包括悟空身上的肌肉線條、衣服配件、頭髮髮流的方向、層層裝飾的腰帶，以及龜派氣功的氣功波等，如果沒有用眼睛仔細去觀察，用頭腦去思考、去想像，是無法動手畫出來的。由此可見，**興趣是最好的老師，而觀察就從興趣開始**。

因此，孩子能夠畫好一幅畫，絕對不是簡單的手眼參與而已。

在「七龍珠階段」之前，安安更小的時候，他有幾年很愛日本民間故事《桃太郎》，所以在畫作中，也會把桃太郎當中的主角，像是桃太郎、犬乃助（編按：劇中的狗，幫助桃太郎完成任務的好夥伴）、爺爺、奶奶等人都畫進去，而且他畫畫的時候，都不是看著圖片畫，而是憑空把腦中記憶的形象畫出來，事後我們拿圖畫書中的圖片對照，發現相似度極高。更驚訝，孩子的腦子像是一部能掃描的照相機一般，竟然能掌握住這麼多細節，並且在紙上重現。此外，安安也有嘗試用色彩蠟筆，創造更多不同的畫風。

曾經有研究指出，**多鼓勵孩子畫畫，孩子的專注度會更高，理解力更強，觀察力、記憶力、想像力和創新思維能力都會更好**。在我陪伴安安的經驗中，證明孩子

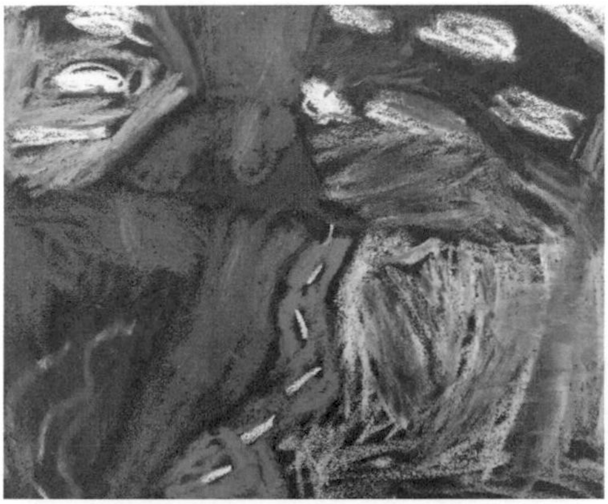

安安玩色彩蠟筆，又是另一種風格。

安安的插畫在臺北忠孝復興捷運站展覽。

安安有一陣子也畫可愛風格的「角落生物」。

七龍珠，外在風格偏剛強。

真的有這樣的能力。

而且，**孩子的潛力無窮，每個階段都有喜歡的人事物**。

不管是喜歡畫畫、喜歡活動，父母都應該**根據孩子實際的情況，給予其明確的「觀察任務」**，例如：比較大小、顏色等，讓他們去觀察、分析，表達自己的觀點。

以安安來說，從桃太郎到七龍珠（請參上方右圖）是一個階段，除了畫風上的轉變，這兩者的內心世界，其實都呈現了一種「正義感」，講的都是善良終究勝過邪惡的故事，這也透露出安安的內心世界，想用自己的力量，行俠仗義、鏟奸除惡。當他上了小學後，有一陣子他和同學們都瘋狂愛上「角落生物」（編按：由日本企業San-X所創造出的擬人角色），因此，那陣子的安安，為了自己也為了迎合同學的喜好，改畫線條簡單，萌樣療癒人心的「角落生物」系列（請參右頁左圖），甚至還自己創造了新的角色，這也讓我看到了孩子在**小群體當中的社會化行為**。

我一直覺得，觀察孩子的興趣，也是一種很棒的學習，不僅可以引導孩子用身體感官體驗外界事物，也可以幫助我們反思自己：是不是能夠像孩子一樣，透過觀察，「挖」出自己深層的想法，呈現自己的世界觀？又或者，在忙碌的日常工作與生活中，我們早已失去細細觀察周遭人事物的能力。

鼓勵孩子的同時，也讓我們陪著他們，一起打開視覺、聽覺、嗅覺的感官，重新體驗這個世界吧！

*減*法*教*養*

培養孩童的觀察力，是其智力發展的關鍵；應給予孩子明確的觀察任務，並且運用五感體驗外界事物。

4. 親子共讀不是照書唸，媽媽讀、爸爸讀效果大不同

你愛看書嗎？你會陪著孩子閱讀嗎？雖然為娘的我也有做不完的事，但為了培養孩子的閱讀習慣，我在睡前，努力經營一段親密的親子共讀時光。

臺灣的閱讀風氣越來越差，搭捷運、坐高鐵，放眼望去八成以上乘客都在滑手機；回到家很多人習慣性的開電視，馬上跳出上百個頻道可供選擇，還能上網同步收看各國影集。當人們的選擇越來越多、時間變得越來越少，願意靜下心來看書的人，就更寥寥可數了。

反觀歐洲國家，從嬰兒時期，甚至是胎兒時期，就開始為孩子的閱讀力做準備。

北歐的芬蘭，婦女一確定懷孕，政府便送準媽媽一個禮物盒，芬蘭人習慣把

睡前的親子共讀時光，可培養獨有的親密感。

這個禮物稱作「媽媽盒」，盒子裡是政府送給孩子的詩歌繪本，讓媽媽從胎教做起。芬蘭人愛看書，愛看到幾乎也是全世界圖書館最密集的國家，每個星期還有固定的說故事時間，在大人的引導下，帶領孩子進入書香世界。

德國更以全民閱讀聞名，德國人常說：「一個家庭沒有書籍，等於一間房子沒有窗戶。」每個家庭平均藏書量將近三百冊，更讓人意想不到的是，德國最夯的耶誕禮物，排名第一的不是玩具或3C產品，而是圖書；至於鄰近的蕞爾小國新加坡，更推廣**零歲閱讀**，孩子一生下來，政府就送兩本，適合孩子在玩耍中開啟感官的布書，讓孩子在揉捏翻閱中，耳朵聽到各種聲響，手摸到不同觸感，眼睛看到多元色彩，讓孩子在嬰兒時期，感官就能接受各種刺激。

而在臺灣，還好這幾年很多家長意識到閱讀的重要性，教養上開始加入親子共讀。安安從幼兒園開始，老師就鼓勵閱讀，用看書還有獎勵的正向動機，培養孩子的閱讀習慣。有時，安安會開心拿著繪本來找我，要我講故事給他聽，而在帶領安安讀繪本的同時，我會用**手指著圖書上的字**，**慢慢唸**給他聽，也會讓他觀察繪本所要傳達的內容；過程中，再**藉著故事問問孩子的想法**，讓親子之間擁有更多共同話題，培養獨有的親密感，還能知道孩子的小腦袋瓜裡，裝了哪些可愛新奇的想法。

「親子共讀」不是照書唸，一起探索才是重點

當然，要年紀小的孩子坐著乖乖看書，太過強求了，小小孩各有各的閱讀怪招。比較小的孩子愛玩書、撕書，常讓大人好困擾，但有專家提醒，千萬不要輕易制止或大聲斥責，因為這可能是孩子愛上書本的表現，小寶貝正透過口和手，探索他們感興趣的事物，只要購買不易破壞的布書，或拿廣告紙讓他玩就可以了，以免破壞孩子對書本的興趣。

幼小的孩子還有一個特點，就是會不斷的重複閱讀同一本書，安安也是如此，有

一陣子他超愛看《小美人魚》，每回都拿同一本書要我唸給他聽，連CD也聽小美人魚，人魚公主都已經變成人類數十回了，他還意猶未盡。

過了一陣子，安安又瘋狂愛上日本童話《桃太郎》，看書、聽故事還不過癮，有一次幼兒園老師說，日本劇團要來臺演出，他回家一再央求我買票。

有趣的是，帶他歷經舞臺劇的洗禮後，接下來一、兩個月，他所畫的圖，都跟桃太郎的故事情節有關，而且只要一發現大人有空，安安就拉著我和阿公、阿嬤陪他演桃太郎。那陣子，我們家成了舞臺劇場，演員鄭凱云常常要一人分飾好多角色，一下子扮演桃太郎小時候的玩伴，一下子要演陪桃太郎到鬼島打鬼的犬乃助、雉丸，一下子又要變身成為鬼大王和桃太郎戰鬥，安安玩得開心，為娘的我可累癱了。

只要開始做，一定能閱讀，越幸福

我問過專家，孩子為何會一再讀同一本書？原來是小寶貝的記憶力和理解力有限，因此得多次重複，才能在不斷強化中，納入長期記憶；幼兒閱讀的另一個特性，就是**孩子喜歡「跳躍性」閱讀**，從他們最有興趣的看起，不是像大人被制約一般「從頭開始」，不過仔細想想，這也非常合理不是嗎？當孩子被哪個圖畫吸引了，當然想先看，這時家長不如放鬆心情，別急著翻到第一頁，就從孩子有興趣的那裡開始，帶領他進入故事世界吧！

此外，英國曾做過一個有趣的研究，發現媽媽跟孩子一起閱讀的比率，比爸爸多出五〇％，尤其二十五歲以下的年輕夫妻，只有二五％的年輕爸爸會跟孩子一起閱讀，而媽媽則高達六一％；他們也發現「爸爸讀」跟「媽媽讀」效果大不同，因為女性比較注重原文，書上怎麼寫，媽媽就大都照著唸，但爸爸就不同，男性傾向看完故事後跟孩子說大意，也會提出較多問題，這會帶給孩子更多的刺激，因此爸爸們加油吧，陪伴孩子進入想像世界。

不管是爸爸或媽媽，只要開始做，一定能夠跟孩子一起閱讀，越幸福。

*減*法*教*養*

千萬別小看親子共讀，藉由每日點點滴滴的累積，一定會閱讀，越幸福。

掃我一下！跟著凱云説故事！

為孩子念一本好書

❶《好慢、好慢、好慢的樹懶》

❷《請問一下，踩得到底嗎？》

— 閱讀是我每天最期待的親子時光。

輕鬆選書，孩子快樂閱讀

閱讀人主編／**鄭俊德**

身為這個時代的父母，真的非常不容易，除了過往自己求學階段的用功讀書外，現在還要幫孩子讀書、選書。我自己身為兩個孩子的爸，過往也有十多年的兒童教學以及踩雷經驗，我將試著用不同的方式告訴你如何幫孩子選好書。

首先，父母能為孩子作主的書，**限定於學齡前**，學齡後則需要跟孩子一起選，學齡前孩子有好看好玩的書大都能翻閱一陣子，但進入學齡小學階段，孩子開始從同儕溝通中，認識新的世界，所以這時候父母持續幫孩子作主不一定是好的。

另外，在陪伴閱讀的過程中，如果當下孩子臉很臭，請不要強迫孩子這時候一定要閱讀，因為這個負面情緒會直接遷怒到閱讀上，以後孩子會更討厭閱讀，這樣反而本末倒置，讓原本的好意成了心靈的創傷。

接下來，我將用兩個法則告訴各位讀者選書的方向，依據這個原則，基本上孩子對於閱讀多數不會太排斥。

第一法則：
活用社群閱讀大數據

這裡指的，不是單純用搜尋引擎找書，而是活用身邊的朋友、社群求答案。以下書單就是我透過社群提問，所獲得的答案。

零到三歲讀物：觸摸書、操作書、有厚度可撕可咬、字少為主。例如，《從頭動到腳》、《棕色的熊、棕色的熊，你在看什麼？》、《小黃點》、《媽媽每天都好愛你》、《宮西達也系列》、《好餓的毛毛蟲》、《推拉轉系列》、《小小音樂大師系列》等。

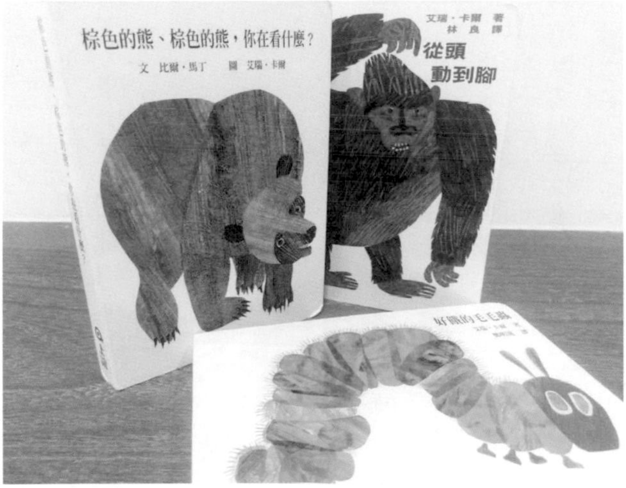

3-6 歲讀物，以有厚度、可撕咬為主。

三到六歲讀物：想像力跟趣味度為主。例如，《吉竹伸介系列》、《蘑菇先生》、《精靈的晚餐》、《媽媽，買綠豆》、《荷花池》、《一直一直往下挖》、《一百層樓的家》等。

六到十二歲讀物：圖文比例各半或是故事。例如，通常上了國小，會建議陪孩子去圖書館，讓孩子自己選書，如名人自傳、繪本、歷史漫畫、科幻小說等，讓孩子學習選擇，而這樣孩子比較不會對閱讀排斥。

第二法則：透過閱讀，學習情緒表達

要讓孩子愛上閱讀，需要照顧到孩子的情緒，有好情緒才能有好的專注力，瑪麗・寶絲林區（Mary Polce-Lynch）發展心理學博士更提出了兒童情緒教養是孩子學習力的關鍵。

零到三歲：幫助孩子理解感受名稱，我們可以透過操作書、觸摸書等帶領孩子去辨識生氣、開心、難過、害怕、失望等名詞，也讓孩子可以練習表達與控制情緒。

三到六歲：幫助孩子開始用語言去表達自己的感受，「讀完這本書你有什麼感覺？」、「你的感受是什麼？」，當孩子閱讀後能夠正確的表達感受，他將更能有效的溝通自我需求。

六歲之前還不太需要孩子完整表達故事劇情，當然可以完整說明心得很好，但說不出來也沒關係，光是能表達感受已經是一種很好的溝通練習。

六到十二歲：幫助孩子練習理解他人情緒，「假如你是主角會怎麼做？你的心情是？」這是一種更高層次情緒訓練以及同理心的培養，透過不同角度將幫助孩子在閱讀上有更寬廣的觀點。

以上兩個原則，簡單來說就是問別人、問孩子，當然更重要的是，別強迫孩子一定要閱讀，而是有技巧的讓孩子自己想要閱讀，我相信這是為人父母的心願，也是孩子內心的希冀。

5. 膽小孩子怎麼教？讓他自己設定目標

在孩子成長的過程中，父母需要為他們創造學習的機會，但更重要的是，要讓孩子自己主動爭取。

我一直覺得安安是個膽子小、沒什麼競爭心的孩子，但是，為了武術，他兩度展現出積極主動的一面。

在他很小的時候，就常常跟著電視機裡的武林高手，比劃帥氣的武術動作，一會兒出拳、一下子踢腳。當時，我常用手機，把這些「卡哇伊」的連環動作錄下來。沒想到，這個小人兒不只是隨意比劃而已，在他的心裡，不知何時生出了一個功夫夢。

安安第一次主動爭取，是他剛進入國小的時候。甫入學的他，拿著課後活動報名表跟我說：「媽咪，我想參加課後武術，可以嗎？」

安安是個好靜、不好動的孩子，如今肯動、想動、願意動，甚至還主動爭取，我當然一口答應，也好好鼓勵他一番。就在他學習武術半年多之後，這個小傢伙，竟然還想擠進武術校隊。

「校隊」對我來說，是個非常遙遠的名詞。因為我從小就沒有運動細胞，學生時期，各個科目都名列前茅，唯一曾經需要補考的就是體育。因此，校隊對我來說，太遙不可及，每個選手都是拔尖的悍將，而我永遠只是那個在場邊吶喊、加油的觀眾。

在我眼中，安安也沒什麼運動細胞，沒想到這孩子竟然想進校隊，我當時心中暗想，他會不會太異想天開？但既然孩子想要嘗試，我也樂於成為他的啦啦隊。當時安安跟我說：「媽咪，我想考武術校隊，妳可以幫我問什麼時候考校隊嗎？」

我很認真回答他：「安安，想考武術校隊非常好。但是，你已經是一年級的學生了，什麼時間考校隊，**你要自己問喔**。」

為娘的我話雖然這麼說，但還是很不爭氣的偷偷幫他撥了通電話。打給學校總機再轉接，終於轉到了教務處，得到的答案是「這個學期第十四週會考之前進行校隊徵選，請學生自己來拿報名表」。

「學校的第十四週」是什麼時候，我當然不會知道，因此我提醒安安，得自己注意報考時間。有趣的事情發生了。顯然這小子深怕錯過考試機會，竟然從第十一週開

安安很專心的在練習武術，讓沒有運動細胞的媽媽好生羨慕。

始，就幾乎天天去教務處喊「報告」，喊到後來，只要他一出現在門口，老師就先說：「武術校隊的報名表還沒出來，你下週再來問吧！」

這個過程，是安安回家跟我抱怨：「我到教務處問好幾次了，都還不能報名」，我才從他口中得知的趣味插曲。當下讓我覺得既驚訝又欣慰。因為，在我眼中的小寶貝，這個一再被呵護的孩子，似乎變得不一樣了。對於**自己在意的事負起責任，一再嘗試努力爭取**，也不會因為一、兩次要不到，就不敢再勇往直前。

很幸運的，安安如願考進武術校隊。當時我並不知道，他們學校武術校隊是出了名的嚴格，除了每週課後固定的練習時間，如果被選上代表學校參加比賽，大約在距離比賽一、兩個月前，就開始要求小選手，假日到學校集訓，而且一練就是三、四個鐘頭。

教練要求的基本功非常扎實，馬步、弓步、虛步（一腳站立支撐身體重心）、仆步（兩腿左右分開，一腿屈膝全蹲，膝部與腳尖外展）、歇步（兩腿交叉靠攏全蹲，左腳全腳著地，腳尖外展，右腳前腳掌著地，膝部靠於前小腿外側，臀部接於右腳跟處）、丁步，樣樣都得練，馬步還得蹲滿一百秒。常看到他練得滿身大汗，拳腳間顯露自信，我真的好為家裡這位小俠士感到驕傲。安安說，打武術，讓他覺得像一隻威風的老鷹。

後來這隻老鷹，有機會代表學校參加「臺北市中正盃武術錦標賽」、「全國中正盃武術聯賽」，都拿下好成績，甚至還成功奪下銀牌，讓拿過無數文科比賽獎狀，但從來沒拿過運動獎牌的媽咪非常興奮。

當時安安開心的問我：「媽咪，這獎牌要掛在哪裡？」我開玩笑的跟他說：「就掛在你脖子上吧！」剛獲獎的那幾天，這小子還開心到不想拿下來，就連到超商買東西，胸前都掛著獎牌！

很開心**孩子有夢、有目標，重點是還會自己努力爭取**。讓在陪伴過程的我，不只是陪伴，還獲得更多的啟發與學習。

減法教養

學習，得從孩子的興趣開始，因為有了目標，孩子就會更積極主動，而不是被父母逼迫。

兒童功夫武術

國家級武術教練／李筱娟老師
（Tammy Lee）

現代很多家長認為，孩子只要成績好、會讀書就好，這是錯誤的觀念，孩子更應該注重身心靈健康、培養健全人格。而兒童功夫武術，不僅能讓孩子有健康的體魄，如遇危難時還能防身，現在就跟著筱娟老師一起進入武術的世界吧！

功夫武術的四項重點：

1. 武德：友好、謙虛

武術學習者必先修其心，讓孩子養成恭敬、謙虛、友好、忍讓的態度，並培養其堅忍不拔的良好品性。

功夫武術不僅可幫助孩子建立身體的協調性，更能兼顧身心靈的平衡發展。

2. 智：刺激大腦發展、有創造力

練習武術，能刺激大腦的發展。在武術練習時，不僅是骨骼肌肉的訓練，也是空間和感知的學習，有利於腦部功能的綜合發揮和形體感知等能力提升，使左右腦功能提高，形象思維更有創造力。

3. 仁：提升情緒控管、社交能力

現代社會中，由於少子化的關係，造成部分孩童較不擅長與同儕相處，或是情緒消極、容易哭鬧。透過武術訓練，能使孩子養成樂觀性格，這在兒童成長過程中是非常重要的。

4. 勇：練習克服各種困難

練武術時，會透過各種方向的變換、動作，訓練其方向感，並且有助於發展幼兒的空間知覺。此外，讓學童獨立思考如何克服練習過程中的各種困難，也能培養孩子勇往直前的態度。

學習武術前的注意事項：

1. 基本功很重要，包括武術動作的踢腿、馬步、弓步；手臂動作的沖拳、推掌等動作，可使幼兒的肌肉和力量得到增強，肌腱、柔韌、肌肉的彈性能力提高。
2. 武術訓練體力消耗很大，家長一定要注意加強孩子的營養，這將有助於孩子的發育。

你的孩子總是電力超強嗎?總是沒時間外出運動?那就來學功夫武術吧!不管是好動、動作協調能力較強的孩子，或是安靜內向的孩子，都能透過武術，達到有益身心發展、發育的目的。

透過簡單的拳腿伸展，讓小小孩全身都動起來。

親子一起「武」動健康

官方臉書　　iOS 版 APP「iFit 功夫健身」

6. 按下快門的瞬間，每個孩子都是平等的

在偏鄉地區的學校，教育資源尤其缺乏，但位於三峽的成福國小，就以行動證明：不受限，讓孩子更能發揮創造力。

其實臺灣有很多用心的校長、老師，也努力在大自然中開啟孩子的觀察力，我主持教育節目《我的超級麻吉》時，造訪新北市三峽的成福國小，這是一間位在三峽橫溪溪畔、柴埔山山腳下的偏鄉小校，創校超過一百年，全校只有十三班、一百九十九名學生，特別的是：校內有個激發孩子的觀察潛能的水草塘。

其實這個水草塘，是日據時期的教師宿舍，怪的是，宿舍地面經常冒出水來，校舍改建時，校方直接澆上水泥蓋成停車場，但水泥地冒水的怪事，還是接連發生。有一回，學校進行濕地水草課程，有人提議探勘，校方也真的開挖了，結果不僅在

被水泥封住的地底下發現湧泉，最深處還深達三公尺。
後來，成福國小的老師帶著學生和家長，放入一百三十多種水生植物，出乎他們意

成福水草塘的變化：

從一開始的水泥地到水草塘，於 2007 年 10 月底開挖成功。

第一次下水探索水草塘，是非常特別的經驗，孩子們則是拿了單眼就大膽拍植物。

料的是，一年後，翠鳥來了，草塘裡魚蝦穿梭，草塘上蜻蜓、蝴蝶飛舞，晚上還能見到閃著點點星光的螢火蟲，成福國小的老師們，打破教室的藩籬，帶孩子走入戶外，規畫了一連串埤塘濕地的觀察課程。

每個孩子一入學，**小一就得穿青蛙裝下水，小二配合生態週加入數位課程，小三、小四更讓孩子拿著單眼**，大膽拍下眼見之美。教務主任謝基煌的一段話，讓當時採訪的我感動良久，他不但不怕孩子把單眼相機玩壞，還要孩子勇敢探索、大膽拍攝，他說，「按下快門的瞬間，孩子都是平等的！」不管是有錢人家的孩子，或清寒家庭的孩童，都有能力用自己的觀察，開啟不一樣的人生。

更特別的是，有別於一般城市學校的傳統教育方式，每一學期，針對不同的主

題，成福國小的學生們都會**製作電子書和簡報**，以自己的文字敘述和圖片，甚至是利用APP剪輯加入旁白、字幕，來表達個人攝影作品的概念——這也說明了，學習無所不在，只有孩子不受限，才能激發孩子無限的創造力、想像力，以及學習能力。

大自然是孕育人類智慧的搖籃，更是開拓孩子觀察力的最佳場所，父母親也許是外行人，但可以扮演推手的角色，帶領孩子到大自然裡，提一些問題，讓孩子找答案。比如說，讓孩子擁抱大樹，摸一摸樹爺爺粗粗硬硬的外皮；讓孩子赤腳走在草地上、泥土裡和水泥地上，感受截然不同的溫度、濕度和軟硬度；聞聞森林裡讓人心神舒暢的味道。**孩子是天生的探險家**，他的發現會讓你驚豔，你也會驚訝發現，**他帶給你的，比你給他的多更多**。

*減*法*教*養*

孩子是天生的冒險家，減少限制與保護、打破教室的藩籬，你會發現，他學得比你想的還要多。

第四章

減外食。把菜園搬上餐桌，孩子就不偏食

1. 孩子的第一堂食育課：嘿喲嘿喲拔蘿蔔

我們每天吃進肚子裡的究竟是食物，還是毒物，飲食教育向下扎根的覺醒運動風潮，已從歐美日吹向臺灣。

孩子的第一堂食育課，我選擇從農場到餐桌的胡蘿蔔，並且讓孩子拿鐮刀學習。我的教養原則是，在安全的範圍內，盡量讓孩子動手嘗試、動手做。面對飲食教育，也是「從菜園到餐桌」耕耘起。

這是一個微涼的早晨，我們母子倆搞得滿手泥土，努力要讓埋在泥土裡的胡蘿蔔出來見見世面，這不只是安安的第一次拔蘿蔔，也是媽咪的第一次。

故事書裡的拔蘿蔔，還有「拔蘿蔔、拔蘿蔔，嘿喲嘿喲拔蘿蔔」那首兒歌搭配的插圖，不都是全家老小總動員，從阿公、阿嬤到小朋友，一個搭著一個的腰，奮力使勁的把蘿蔔葉往上拔嗎？我們母子倆也依樣畫葫蘆，卻不得其法，但小小的蘿蔔莖葉，哪經得起這麼大的力道，不是葉子破損，就是整個莖葉被我們拔下來，而可愛的小小胡蘿蔔，還是好端端的躲在泥土裡，一動也不動，一點兒也不想冒出頭來。

這時，身邊有越來越多爸爸、媽媽，帶著孩子來拔胡蘿蔔，不少人還沒下田就先掏出手機，又是裝萌耍酷玩自拍，又是在農田裡跳躍拍攝，擺了好多種 POSE，眼看他們完成了拍照、上傳、打卡，這時該要下田了吧？沒想到下一秒，他們不是帶著孩

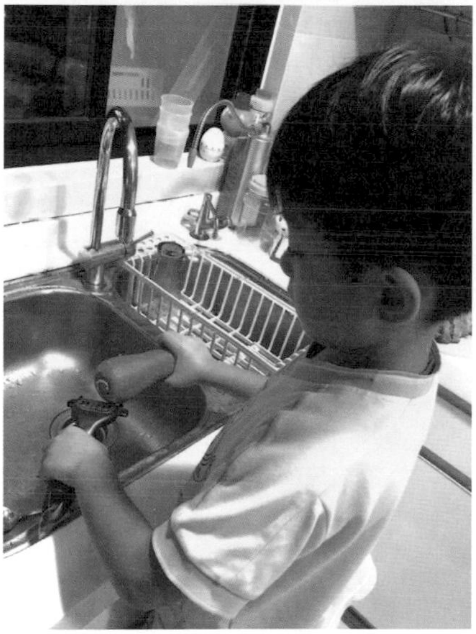

讓孩子動手拔蘿蔔，實際體驗生命教育。

子挽袖下田，而是**拍了照就代表參與過一樣，頭也不回的離開了**；有的親子檔跟我和安安一樣，用土法煉鋼的方式努力拔；有的試圖用鐵砂掌，要讓胡蘿蔔出土，但全都一無所獲，直到有個阿公一派輕鬆的走過來，拿起田邊看起來髒兮兮的小鏟子，才讓這一切有了變化。

陽光下，他的白髮閃耀著銀色光芒，他熟練的用腳往鏟子上緣一蹬，鏟子立刻深埋入土裡，接著他順勢挖開，終於讓千呼萬喚不出來的胡蘿蔔，害羞的裹著泥土亮相了，我和安安相視一笑，立馬拿起田邊的小鏟子跟著做，胡蘿蔔終於肯跟我們見面了，我們母子倆開開心心的拎著幾根橘紅色的新朋友，洗澎澎去。

帶著孩子一起重返自然，體驗一場生命教育課

歐美不少國家，倡導在地當季食材，有的還在校園裡開闢菜園，讓孩子**自己澆水、看顧，觀察蔬果成長，再親手採收，接著帶著孩子動手做料理**，把自己親手種的、自己收成的食材，變成餐盤裡的營養菜色。日本更是全球第一個，將食育立法的國家，監護人得肩負起食育的責任，中小學更列為必修課，建立孩子健康的飲食

習慣、培養良好的食物判斷力。

而在臺灣也有不少學校開始努力，我主持教育節目《我的超級麻吉》時，走訪偏鄉宜蘭的岳明國小，學校裡就有一小片菜園，讓孩子動手栽種體驗，從播種、發芽、茁壯到收成，孩子觀察了植物的生命歷程，照顧出了情感，更了解萬物得之不易，自然而然珍惜起桌上佳餚。

採訪當天，孩子們提著大大的水桶，再用小小的水瓢，細心的幫作物灌溉，看到他們一下子搬水桶，一下子又費盡心思把水控制成涓涓細流，澆灌到蔬菜上，突然間覺得好感動，尤其是每個孩子專注又富有情感的眼神，更讓我難忘。

現在的孩子，都在都市叢林裡長大，假日偶爾帶著孩子踏上泥土，重返自然吧！了解盤中飧的粒粒皆辛苦，培養孩子對食物的興趣和知福感恩的心，這種吸收和學習，是買再多書給孩子看，也買不到的美好體驗。

那天在回家的路上，我們母子倆決定做咖哩飯，安安主動說，要幫忙削去胡蘿蔔皮，我開心的讓他拿著刨刀成為小助手，再把冰箱裡的洋蔥、花椰菜、肉片等食材拿出來，切洋蔥時，我還刻意要安安在旁邊感受一下，體會那種，被洋蔥嗆到快流淚的味道。那天的親子咖哩飯特別好吃，或許是自己辛苦挖來的胡蘿蔔，吃起來格外鮮甜，或許是因為自己參與烹調的料理，格外美味，安安好快就把整碗咖哩飯吃光光。

在我眼中，這些學習，不只是一堂食育課，更是一場生命教育課。

健康主播的營養教室

胡蘿蔔

- ☑ 保護視力
- ☑ 促進生長發育

胡蘿蔔含有大量的胡蘿蔔素，能在體內轉化為維生素Ａ，是維持視力的重要元素。維生素Ａ不但能幫助孩童保護視力，避免近視，也能預防夜盲症。另外，維生素Ａ也是骨骼生長發育的重要元素，可以讓幼兒多吃，長高長壯，甚至我覺得在嬰兒時期，就可以開始把胡蘿蔔當作寶寶的副食品。當年安安喝全母奶，加入副食品時，他嚐到胡蘿蔔泥清甜的美味，差點都不太青睞媽媽的愛心母乳了。

減法教養

從菜園到餐桌，讓孩子動手栽種、收成，更會珍惜食物。

2. 「安安菜菜樹」，青菜開心吃下肚

很多父母會以「油煙太多」、「切菜太危險」為由，不太願意讓孩子進廚房，其實只要運用單純的食材、小剪刀、塑膠刀，就能培養孩子基本的生活能力。

你曾想過，花椰菜能變身成溫馨的耶誕樹，草莓能化身成為歡樂的耶誕老公公嗎？耶誕節是每個孩子童年最期待、也是最美麗的想像。每個小腦袋瓜裡總有這麼一幅圖像，幻想著好幾隻麋鹿輕巧的拉著雪橇，劃過北國天際飛馳而來，上頭坐著胖胖身型，穿紅衣、戴紅帽、留著白鬍子的耶誕老公公。當然，雪橇上還載著千千萬萬孩子的心願禮物。

安安也是如此。三、四歲時，安安還曾為了等耶誕老人的神祕禮物，開心到捨不得上床睡覺，也曾既擔心又期待的仰著小臉問：「媽咪，我們家又沒有煙囪，耶誕老公公要怎麼進來送禮物啊？」

有一年耶誕節前，草莓已經熱鬧上市，安安將一大一小的兩個草莓疊羅漢，開心的看著紅通通的草莓說：「媽咪，妳看，這是耶誕老公公哦」，就是這句話，開啟了我們的耶誕手作，而且都是可以吃的。

我上網搜尋，果然，有不少手作達人早就大展創意，設計了很多超級可愛的應景作品。

親子DIY，讓孩子充滿成就感

草莓耶誕老公公究竟怎麼做呢？

材料很超簡單，**草莓、棉花糖和丟在冰箱裡的任何一小塊巧克力，再加上一根牙籤**，就搞定了。

先把草莓的尖端切下來，正好可以當成耶誕帽，再把橢圓形的棉花糖，修剪成

食材：

草莓——一顆

棉花糖——兩塊

巧克力——一塊

牙籤——一根

做法：

1. 將草莓切成三角形。
2. 將兩個棉花糖相疊，再放上三角形的草莓。
3. 再以牙籤沾取巧克力醬，於棉花糖上畫上表情符號，即大功告成。

表4－1　棉花糖雪寶

耶誕老公公的圓圓臉，剩下的草莓就成了耶誕老公公那胖嘟嘟的身體。接著，再將巧克力隔水加熱，等巧克力溶化，用牙籤點上眼睛、鼻子、嘴巴，草莓耶誕老公公就大功告成。（參考表4-1右圖）

同樣的食材，還可以做成棉花糖雪寶。（參考表4-1左圖）

直的棉花糖當身體、上頭疊放另一個橫的棉花糖，一樣用巧克力點上眼睛、鼻子、嘴巴和身上的鈕扣，就完成了。當天，安安一下想讓雪人戴上草莓紅帽，變身可愛的雪人頑童，一會兒拿了一顆大草莓用塑膠刀切平，疊在最下層，變成穿紅裙的雪人小姐，都讓為娘的我大為驚豔。

親子DIY比我想得更好玩，

孩子手上的小肌肉都用上了，還得控制力道，用塑膠刀切草莓可不是一件簡單的事，怎麼拿捏手上的力道切得大小剛剛好，又不把草莓壓爛，孩子得一試再試才能成功；用牙籤輕輕的點上眼睛、嘴巴也不容易，一不小心就變大小眼或大花臉，但是就算點不好又如何呢？吃掉就好啦，而且誰說所有的耶誕老公公、雪人只能有一號表情。

當然，用小剪刀把棉花糖剪成耶誕老公公的圓臉，還有用牙籤把帽子、頭、身體串起來，也都是有趣的挑戰。而過程中，孩子得克制自己想吃的衝動，才是更大的考驗，DIY時當然可以邊吃邊玩邊做，但總不能把食材都吃完了，成品還沒出現吧！

酸酸的草莓，搭配上Q軟香甜的棉花糖，口感和味蕾的體驗都再升級，當孩子滿足又驕傲的品嚐自己的作品，足以讓他們開心好幾個月，甚至每年耶誕節都能回味。

完成了初級版，接下來就可以挑戰更高難度的：**花椰菜變身耶誕樹**。

為娘的我先把蒸好的馬鈴薯泥，做成圓錐狀基座，再把燙好的花椰菜，菜梗的部分修成尖尖的，這時安安變身小小花藝家，拿起一朵朵的花椰菜，往馬鈴薯泥上插，原本白色的山頭，在孩子的用心和耐心之下，變得越來越綠，耶誕樹漸漸成形了；當然，耶誕樹少不了吊飾，要怎麼辦呢？這時冰箱裡的玉米和紅蘿蔔丁就派上用場，當這顆「超健康」的耶誕樹完成時，我們母子倆開心的跳了起來，快速拍完照後，平時不太愛吃菜的安安，這回對自己參與完成的「菜菜樹」，充滿了成就感與親切感，當然開開心心的，自動把花椰菜耶誕樹裝進自己的肚子裡。

完成「菜菜樹」，孩子超有成就感。

忍住不插手、不幫忙，孩子有無限可能

你可能會問，和孩子一起動手玩創意，有什麼好處？

首先，可以讓孩子看到只要動點腦筋，就可以創造出意想不到有自我特色的作品，也讓孩子知道雙手的無限可能，**當他在外面看到想要的東西時，或許第一個反應就不再是「媽媽買給我」**，而是下回我們也來做做看。

過程中，還可以培養孩子的藝術美感，更可以訓練學齡前兒童的小肌肉控制技巧、或許要一次搞定作品，對小小孩來說有些難度，這時家長除了從旁協助、鼓勵，更可以把每種技能拆解成許多小步驟，讓孩子循序漸進、由簡單到複雜，在玩遊戲的過程中，也學到新的技巧。

而在DIY的過程中，更能**培養孩子的專注度、穩定度和情緒表達能力**。

其實對家長來說，這時最難的就是要「忍住」，**忍住不插手、不幫忙，忍住不用大人的眼光論美醜**。不管夠不夠精緻、漂亮都不重要，如果可以完全不在意作品像什麼，單純享受親子一起努力手作的時光，你會發現得到更多，欣賞孩子的進度、孩子的想像、孩子的無限可能，和這獨一無二的美好時光。

健康主播的營養教室

花椰菜

☑ 增強抵抗力

☑ 促進骨骼生長

兒童吃綠花椰菜，可以增強抵抗力，促進生長，維持牙齒及骨骼的發育，還能保護視力，提高記憶力。

因為花椰菜營養成分高，含有維生素A、B、B_2及維生素C。維生素A可以保護眼睛，B群可以提振精神和專注力、學習力，尤其綠花椰菜的維生素C含量最為人稱道，大約吃一百公克的花椰菜，一天所需的量就足夠了。

而維生素C可以預防感冒，調節免疫力，對三不五時被傳染的孩童，大有幫助。另外，花椰菜是少數含有鈣質的蔬菜，對孩子生長發育和長牙、換牙時期，都有加分效果。

● **貼心小提醒：避免亨煮過久，導致營養流失。**

*減*法*教*養*

利用簡單的食材、小工具，在廚房裡培養孩子的專注力、肌控力。

3. 討厭吃青菜是本能，別怪小孩找麻煩

你家小孩不愛吃青菜嗎？到底該怎麼做，才能改善孩子偏食的壞習慣？其實，只要孩子動手洗菜、摸菜，就能減少排斥。

不愛吃青菜，到底有多可怕？《健康2.0》超過十三年了，我也主持了一千五百集，什麼光怪陸離的案子沒見過，但是，那天播到這則新聞，還著實讓我嚇了好大一跳。

「四歲兒童出現血便，竟是大腸息肉惹禍！」

家住新竹的四歲小女童，因為一直有血便問題，爸爸帶她到診所就醫。醫師懷疑是便祕產生肛裂導致血便，因此給予軟便藥治療，但是沒有太大改善，後來到大醫院做了大腸鏡檢查，才發現在大腸橫結腸中段，竟然有一個大約〇・八公分的息

多吃各式青菜

肉。（編按：大腸壁上的突起，由表皮不正常增生所形成。包括增生性息肉和腺瘤性息肉）

醫生推測，現在飲食精緻化，不少孩童挑食，又常吃零食餅乾、炸雞、薯條等油炸物或燒烤物，很少吃蔬菜水果，因此，膳食纖維攝取不足，才造成那麼小就產生腸道病變。

成人長期飲食不均衡，多肉多油少蔬果，腸道確實可能長出會癌變的息肉，但是才四歲就罹患大腸息肉，令我很震驚。更驚人的是，不吃蔬菜水果，對那麼小的孩子，居然有這麼強大的健康殺傷力。

但是，偏偏安安跟所有的孩子一樣，一開始既偏食也挑食，最不想碰的就是青菜。

孩子不愛吃青菜，讓很多媽咪都傷透腦筋，甚至引發餐桌上大大小小的內戰，只是，不喜歡青菜下肚，不是孩子刻意找爸媽麻煩、唱反調；美國耶魯大學的研究告訴我們：討厭青菜是人類的本能。

耶魯大學教授在嬰幼兒面前擺放兩種植物、兩種塑膠植物，以及兩種金屬物品，結果顯示，小朋友明顯不願意觸摸植物。

原來討厭青菜是人類的自我保護機制。遠古時代祖先可能觸碰或食用植物，接連產生中毒經驗，因此下意識的認為蔬菜、植物容易隱藏有害或致命危機，演化出人類天生的防禦機制，以有效保護嬰幼兒，避免碰觸毒刺、誤食有毒植物，或是誤觸荊棘、尖刺而受傷。

雖然我能夠理解，但是，絕不會放任安安耍脾氣挑食不吃菜，因為我深知蔬菜水果好處多到說不完。

從認識蔬菜開始，讓孩子愛上吃青菜

黃的、紫的、綠的、紅的……蔬果的顏色不同，營養素、植化素（編按：植物的免疫系統。蔬菜與水果除富含維生素、礦物質及纖維質外，還有數千種不同的天然化合物）也各有不同，還富含礦物植、膳食纖維，能增加腸胃蠕動，又能養腸道好菌，更在國際大型研究中不斷被證實，想健康、想遠離癌症，蔬果的抗癌優勢絕對是關鍵。

但是，孩子就展現人類的本性，抗拒蔬菜，為娘的我怎麼對付不愛吃菜的安安呢？我採取的是循序漸進的方法。

既然人類對陌生植物天生排斥，那麼就讓孩子從小慢慢認識它們吧。

不管**到賣場或傳統市場**，我會帶安安**接觸這些青菜、水果**。我們的親子遊也會到農場摘番茄、採草莓、挖地瓜，我鼓勵安安摸摸它、聞聞它、感受各種蔬菜水果的重量，回家還請他跟我一起幫蔬果洗澎澎，讓他跟蔬果變成好朋友。

有時候，我也會**用譬喻的方式**和安安**溝通**，不讓孩子直接意識到要吃蔬菜，也就是**把菜給「隱藏」起來**。例如，吃炒飯，我會問他：「我們把生菜當小船，載著炒飯好不好？」孩子就會因為覺得新鮮感十足，主動幫忙「洗小船」，最後甚至還把生菜吃光光。（請參考下頁圖4-1）

此外，我也曾經帶安安參加種筊白筍的活動，為的就是讓孩子多接觸青菜，以減少孩子對青菜的抗拒，但你一定想不到的是——臺北市木柵動物園，可以帶孩子看獅子、大象、無尾熊、貓熊和可愛的企鵝，竟還有「種稻米」和「種筊白筍」的活動。這可是動物園的年度秒殺活動，我也搶了好幾年，這回才搶到。

每年春天，由農事專家帶領國小的孩子們，赤腳下田，在兒童動物區裡的一小片水稻田，種下幼苗，並且讓孩子們了解作物的特性。

安安跟我說，老師告訴他們，筊白筍裡的小黑斑不是發霉，而是一種叫作「菰黑穗菌」的寄生菌。要是筊白筍的幼莖沒有這些寄生菌，莖就會生長、開花，減去食用

圖 4－1　炒飯搭船船

鄭凱云
10 月 8 日

【搞定不愛吃菜的孩子～炒飯搭船船 😁】
我們家安安跟一般孩子一樣，不太愛吃菜！
媽咪下班後，簡單炒個飯當晚餐，突然靈機一動：
「安安，我們把生菜當小船，載著炒飯好不好？」
安：「好啊！好啊！好酷哦……我來幫忙洗小船，等一下再把它吃光光。」
今晚，安安吃了三艘船呢！
嘿嘿，媽咪的健康計謀～成功 😁😆😋
 # 搞定不愛吃菜的孩子 # 用愛和巧思讓飯菜更香 # 健康主播媽媽經

你及其他 493 人都說讚　　33 則留言　5 次分享

讚　留言　分享

價值；但如果沒有即時採收，菰黑穗菌就會產生一大堆孢子，讓筍子內部產生黑斑並老化，就會變得不好吃。

因此，動物園方還安排孩子們，幾個月後回來施肥和除草。而到了秋收的季節，再由孩子親手收成自己種下的作物，帶回家和家人分享。

除了動物園，很多單位也會舉辦親子活動，有興趣的家長們，可以上beclass或活動通等網站搜尋。另外，新北市觀光局也常有親子體驗活動，都是爸爸、媽媽們可以善加運用的好資源。

幫孩子建立良好的飲食習慣，孩子其實都聽得懂

而在知識面，我也會告訴他特定食材含有的營養素，以及對人體有哪些好處。像是水果有維生素C，可以預防感冒、提升免疫力；胡蘿蔔有維生素A能保護眼睛；雞蛋、牛奶是蛋白質和鈣質的來源，可以讓小安安長高長壯等。

你可能覺得狐疑：「孩子會聽嗎？他們哪裡聽得懂啊？」千萬**不要小看孩子的理解能力，只要你願意花時間，他們吸收的，遠比你想的更多。**

我曾告訴他，烤得黑黑的或炸得黑黑的食物，會產生致癌物質，最好剝掉不要吃，沒想到當時還在念中班的安安，吃薯條時看到薯條頭尾有黑色焦化物，就邊吃邊把炸黑的部分剝下來，堆成一座小山。我從來沒想過這個小寶貝這麼有健康概念，因為他不只知道，還做到了。你說，孩子是不是很妙呢？

這招絕對不是為娘的我教他的，老實說，連我這個健康節目主持人都沒這麼「厚工」（編按：閩南語，形容所耗費的精神心力甚多），但小小年紀的他，不但記在心裡，更在吃薯條時實踐出來；有時我也會跟他說，這一餐吃了油炸美食，下一餐要多吃一點點青菜，把身體的健康補回來，他也都乖乖照辦。

父母能給孩子最大的財富是什麼？

我認為，最重要也最根本的就是健康。幫孩子培養正確的飲食習慣，是我們能給孩子一輩子最重要的健康寶藏。儘管在過程中，孩子會哭會鬧、討價還價，甚至影響本該歡愉的用餐氣氛，但是，從一小口、一小口開始嘗試，從一餐一餐慢慢養成，是為人父母的我們，在一點一滴中幫孩子累積健康存摺。

這將是對孩子和父母來說，最棒也最無價的珍貴禮物。

健康主播的營養教室

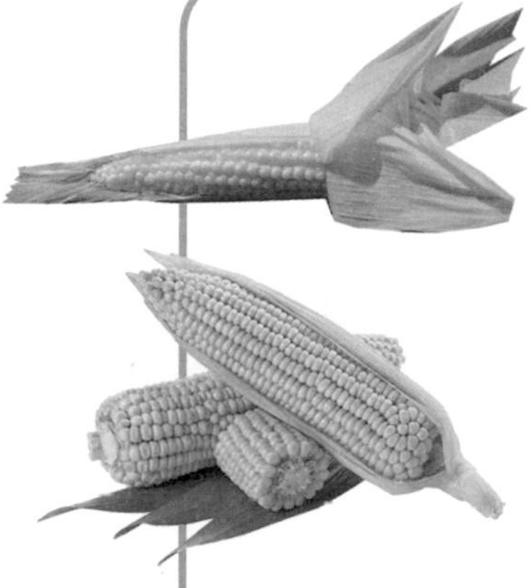

玉米 vs. 玉米筍

☑ 保護眼睛

☑ 高纖維

雖然玉米筍是玉米的寶寶時期，但是口感和營養成分卻大不同。玉米醣類含量高、澱粉多，在營養學當中被歸為澱粉類，一根玉米大約兩百大卡，只比一碗白飯兩百六十大卡少一些而已，因此，便當裡的玉米火腿，總讓營養師大搖其頭；至於玉米筍就屬於蔬菜類，熱量低又營養豐富，連中心的梗也可以一併吃下肚，纖維質也高。

不過，玉米和玉米筍有個很棒的共通點，就是含有保護眼睛的關鍵營養成分。讓玉米和玉米筍呈現金黃色的植化素，正是葉黃素和玉米黃素，不但可以保護眼睛的水晶體和視網膜黃斑部，還可以讓眼睛免於受到紫外線的傷害。

減法教養

運用譬喻的方式，把菜「藏」起來，輕鬆搞定孩子挑食的壞習慣。

4. 不用麵粉、不加鹽糖，也能做出超好吃微笑鬆餅

食品添加物無所不在，為孩子自製健康點心，不僅可避免吃下過多的化學添加物、黑心食物，更能打造無數個美好的親子小時光。

我喜歡帶著孩子在廚房動手DIY，我們一起做過花椰菜耶誕樹．草莓耶誕老人、蒸鮮奶布丁、堅果蔓越莓烤餅乾、棉花糖雪寶等，有的造型好看，有的鮮嫩好吃，但有趣的是，在眾多手作DIY當中，安安最常央求媽咪做的，不是蒸布丁、不是烤餅乾，而是微笑鬆餅。

這幾年很流行自己做鬆餅，不少人還為了壓出漂亮的格紋，特地去買鬆餅機，但我們家沒有。我們用家裡隨手可得的食材、鍋具，自己動手做。

微笑鬆餅的食材很簡單，只要兩顆蛋、一根香蕉就搞定了，不用麵粉、不用加水或鮮奶，也不用加鹽或糖，食材容易取得，而且純粹又營養。

大家都有這樣的經驗，香蕉一旦擺個三、四天，黃澄澄的表皮上，就會開始出現過熟老化的黑色斑點，接著黑斑慢慢擴散、變大，表皮越放越黑，果肉也越放越軟爛，家裡根本沒人想碰它。而變軟的香蕉（避免放到果肉變黑），正好可以拿來做微笑鬆餅。

這道親子ＤＩＹ，得賦予小寶貝們一個重大任務，沒有他們的幫忙，可做不成這道料理。

首先，先請寶貝幫香蕉剝皮，接著請他們展現無窮的破壞功力，努力用叉子把香蕉果肉壓爛，壓得越細小、越爛越好，這個重要工作，再小的孩子都可以幫忙，當他們完成任務時，會升起滿滿的成就感。

接著，再請寶貝打兩顆蛋，你可以**先示範給孩子看**，**再由孩子動手做**。就算孩子沒控制好手的力道，把蛋給捏碎，或把蛋殼打進去，也請千萬別責怪他，這可是得歷經上百次不斷練習，才能做好的事。每次看到廚師單手打蛋，都覺得帥氣十足，但我至今也還沒學會。如果只掉入一點蛋殼，就把碎蛋殼夾出來就好，接著我會讓安安用叉子或筷子把蛋打散。

這時，兩種濃稠的食材，終於可以碰撞在一塊兒了，再請孩子幫忙攪拌均勻，事前準備終於完成，而且幾乎都是由孩子包辦，他肯定會得意很久呢！

接下來，在平底鍋上放一點油，就可以開火下鍋。

在煎微笑鬆餅時，只有兩個小技巧，一個是爐火不能開太大，得用**中小火來烘煮**，因為火太大容易讓食材變焦，那麼，金黃色的香蕉鬆餅，就會變成巧克力色的燒焦鬆餅。原本的營養料理，瞬間變成不能入口的致癌料理，因此得特別小心。

另一個小撇步，就是**鬆餅的面積不要太大**，因為只有蛋和香蕉，沒有加入麵粉等食材，所以鬆餅的口感偏軟嫩，如果面積太大，就比較難翻面，因此，建議做成小朋友拳頭般的大小即可，這對孩子來說，也比較好入口。

剛起鍋的微笑鬆餅，充滿香蕉濃郁的香氣，不一會兒就被我們吃光光了。

至於，為什麼叫微笑鬆餅呢？這名字是我和安安起的。因為兩顆蛋像兩個眼睛，配上彎彎的香蕉放在下頭，正像嘴角上揚的微笑曲線，重點是，吃完後，我們母子倆也會滿足的微笑。

我的原則是，只要有時間，孩子想動手，媽咪肯定開心奉陪。

因此，有時假日我們母子倆會一起做香蕉鬆餅，當早餐也好，當下午茶也罷，再搭配上一杯一樣營養滿分的香蕉牛奶，就足以讓我心滿意足了。

空氣中和嘴角上，都散發著淡淡的幸福香氣。

沒有任何添加物的自製鬆餅，不但美味又營養。

跟著凱云學密技：微笑鬆餅

健康主播的營養教室

香蕉

☑ 幫助消化

☑ 促進幼兒神經發展

香蕉是最方便食用的水果，不用削、不用切，只要撥開外皮就可以吃，而且質地柔軟，連還沒長牙的孩子都愛，也適合當嬰兒副食品。

香蕉是營養價值非常高的水果，首先熱量密度高，很多網球選手上場前，或中場休息，不是都會吃根香蕉補充體力嗎？

另外，香蕉還富含鉀和維生素B_6和C，最特別的是，還含有人體不能合成的必需胺基酸-色胺酸，因人體無法自行合成，必須從食物中攝取。

色胺酸的重要性，在製造神經系統的傳導物質和血清素，因而被稱為「開心荷爾蒙」。有趣的是，微笑鬆餅當中的兩個食材，香蕉和雞蛋都含有豐富的色胺酸，或許這就是安安吃不膩的關鍵原因。

當然，雞蛋除了有優質蛋白質，蛋黃的部分還富含卵磷脂，卵磷脂是胎兒和幼兒神經發展的必須品，可以促進大腦神經系統和腦容量的增長和發育，讓孩子頭好壯壯。

*減*法*教*養*

減少添加物、化學成分，自己動手做最安心、最健康。

5. 這才是真的草莓果醬

餐桌上的飲食教育，除了和孩子一起拔蘿蔔、一起做美味又健康的點心，我也會試著帶孩子使用當季新鮮食材製作最天然的食品。

俗話說：「計畫趕不上變化」，當孩子引頸期盼規畫好的活動，卻遭遇突如其來的變化時，家長怎麼反應、怎麼帶領，也會影響孩子的學習和判斷力。

寒假結束前，我們邀請哥哥全家人上臺北玩。安安要當小主人囉，他很開心，早早跟我討論，要帶兩個小表哥去哪裡玩？

安安的小腦袋瓜很快就蹦出一個想法，「我們可以帶哥哥去摘草莓，因為好吃又好玩」。

這確實是個不錯的建議。因為，冬天正是草莓的季節限定，不只能現摘當季草莓

孩子們看見煮草莓，眼睛都發亮了。

跟著凱云學密技：
這才是真的草莓果醬

來品嚐，而且地點又近，不用開車到苗栗縣大湖區，在住家附近開車上山，就有草莓園了，因此，採草莓立馬被我們列為重要行程。

只是，當我們一行人興高采烈的到達草莓園時，卻聽到讓人失望的消息。

老闆娘說，今年草莓產量很少，過年期間草莓園開放採摘，早就被觀光客摘光光了，因此，目前草莓園封園休息中，這樣才能讓小小草莓有長大的機會。

幾個原本在車上嘰哩呱啦、心情雀躍的孩子們，聽到老闆娘這麼說，頓時滿臉失望，只見老闆娘很機靈的接著說，「我還種了很多新鮮蔬菜喔，有白蘿蔔、大陸妹、黃金大白菜等」。

說好的摘草莓之旅，居然變成拔菜之行，孩子們顯然不是很滿意。

當孩子們速速拔完菜，感覺有點敗興而

歸的時候，我們發現有一家人，小朋友們臉上漾著笑容，團團圍在一個鍋子前面，其中有個小主廚，細心翻炒在炒菜鍋裡的「鍋中寶」，眼神微微發光。

這才是真的草莓醬：從搶著做，到學會分工合作

我們一夥人好奇的湊了過去，果然發現讓人驚喜的寶貝。瓦斯爐上、黑色的炒菜鍋裡，是一顆顆嬌媚的粉紅草莓。

孩子的眼神閃著光芒說：「他們在煮草莓耶！」

原來大草莓被摘光了，而小草莓還沒長大不能採，不過早在之前草莓盛產時，老闆娘就將這些紅粉佳人，冰存在冷凍庫當中，隨時可以提供給客人製作草莓果醬。

這下我們興致來了，開心的展開草莓果醬ＤＩＹ的學習之旅。

老闆娘把一袋冷凍草莓和一小包砂糖，帶到我們桌前，仔細的告訴我們步驟。

其實，做法超級簡單。首先把冷凍草莓放入鍋中，以小火滾煮，這時只要輕輕的翻動草莓就可以了，因為主要的目的是讓草莓退冰、出水。這時鍋子裡呈現豐富的視覺感受。一個個紅色的冰山美人，進入熱鍋後，就像進入熱氣蒸騰的蒸氣室一樣，開

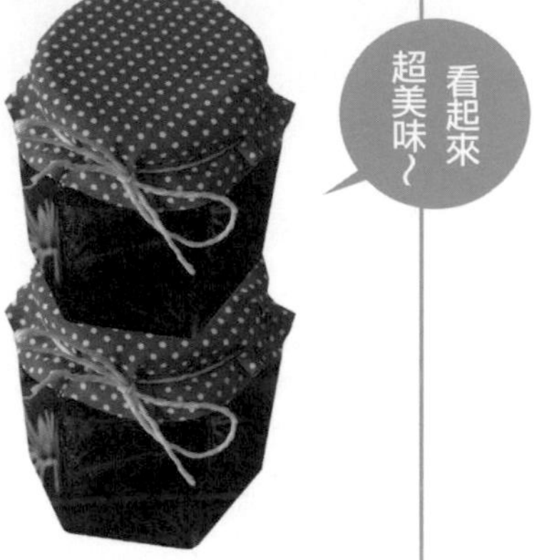

天然自製果醬最健康。

食材：

冷凍草莓——一盒

砂糖——一包

做法：

1. 用小火滾煮，不時翻動草莓。
2. 以畫圓圈的方式倒入砂糖。
3. 持續攪動草莓，並且將之壓扁煮到收汁為止。
4. 將果醬倒入乾燥瓶罐中，並在降溫至八十五度之前倒扣，保持真空即完成。

表4－2　自製草莓果醬

始冒出陣陣白煙，接著冰山美人被軟化了，泡在泛出紅光的溫泉浴池裡。

這三個小男生耐心等待紅色的溫泉池裡冒出小泡泡，期待著進行下一個步驟。鍋子裡冒出許多小泡泡後，就可以把砂糖，以畫圓圈的方式加入鍋子裡。

接下來，還得讓一顆顆各自獨立的草莓，漸漸融合在一起。因此，這時除了要持續小心的翻攪草莓，還得輕輕的把草莓壓扁、壓爛；為了避免黏鍋或煮到燒焦，得不間斷的細心翻攪，慢慢的把草莓醬煮到收汁為止。

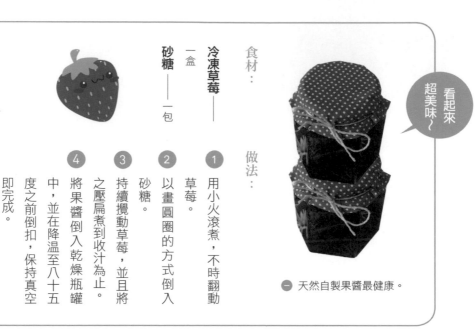

最後一個步驟則是裝瓶。

果醬瓶一定要是乾淨與乾燥的，果醬才能安全保存。使用前可以先把玻璃瓶用水煮過，然後烤乾它再拿來用，但千萬不要拿抹布或是衛生紙去擦，因為那反而會讓瓶子變更髒。

老闆娘催促著孩子們，趕快把熱騰騰的草莓醬，裝進消毒乾淨的玻璃瓶裡，接著鎖緊蓋子後，還記得要「倒扣」幾分鐘。因為，在果醬降溫到八十五度之前倒扣，瓶蓋才會有殺菌效果，瓶子也才能呈現真空狀態，避免果醬變質。

終於，大家心滿意足的帶著戰利品——「草莓果醬」回家。

在熬煮草莓果醬的過程中，我也觀察到，三個小男生**從一開始互不相讓搶著做，到後來自己協調好，既分工也合作**，有時輪流翻炒，有時在一個人翻攪時，另一個人就幫忙把糖加進去，不但全程都能聞到甜甜的草莓香氣，還能感受到友愛的氛圍，值得幫他們拍拍手。

至於我，雖然吃過各式各樣的果醬，卻從來沒有自己動手做過，可以跟著孩子一起學習、一起ＤＩＹ，為娘的我也算上了有趣而實用的一課。

正所謂「計畫趕不上變化」，儘管採摘草莓的活動被迫終止，但可以教導孩子們，任何時候，都別忘了打開五感，多聽、多看也多聞聞味道，說不定，正有很多好玩的事等著大家呢。

鼓勵孩子帶著正向的心，去好奇、去冒險、去嘗試，一定會發現，生活中處處都會有小驚奇，處處藏著小確幸。

天然果醬百搭，滿足孩子的胃

果醬的製作，可依熬煮時間的長短，決定它的用途。例如，熬煮約五到十分鐘即可煮成「果漿」，這時如加了天然的氣泡水，即可形成一杯天然無負擔的果汁汽水，小朋友也會很喜歡；熬煮十五到二十分鐘就可以做成果醬、抹醬，用途很廣泛，可以抹在麵包、饅頭，甚至變身成甜品的佐醬；再熬煮更久一點，則成為果餡，可用於酥餅皮的內餡。自己動手做果醬，無添加、零負擔又營養加倍。

果醬DIY的用途很廣，湯汁的濃稠度，取決於你的使用方式。

1. 塗麵包：湯汁可以收乾一點，避免果醬太稀，塗上麵包又流得滴滴答答。
2. 泡果醬茶：湯汁不要收太乾，留點湯汁泡茶風味較佳。
3. 淋醬：可以淋在冰淇淋、剉冰、奶酪、優格上頭，既然要淋，湯汁就不能收太乾，不然就無法「淋」醬。

健康主播的營養教室

草莓

☑ 調節免疫力
☑ 養顏美容

草莓富含大量維生素C、B_1、B_2、及礦物質，包括鋅、鈣、鎂、鉀、鉻、磷、鐵，其中維生素C的含量是蘋果的十倍，抗氧化能力強，對大人而言能夠養顏美容；對孩子而言，維生素C可以調節免疫力，避免常常感冒生病。

但要注意的是，吃草莓前，得連同蒂頭一起清洗，並在流動的水中清洗十五到二十分鐘，才能確實去除農藥。

＊減＊法＊教＊養＊

帶孩子一起DIY做料理，不但能吃得安心，更能讓孩子學會分工合作。

6. 爸媽下廚的飯菜香，是家最甜蜜的味道

味覺記憶在每個人的成長過程中，都扮演著極為關鍵的角色。不管離家多遠，家裡頭那股媽媽的味道，總是魂牽夢縈，讓人難以忘懷。

每個家庭都有一股特殊的香氣，你的家呢？是什麼味道？是大火快炒的蒜頭爆香味？是溫潤撲鼻的紅蔥頭味？是帶勁嗆辣的椒麻味？是酸酸甜甜的糖醋滋味？還是充滿泰式異國風的檸檬香茅味呢？只要熟悉的香氣一吸進鼻腔，腦神經馬上自動連結到歡樂的童年時光，或緊繃苦讀的應考歲月。當然，更讓人想到家，想到溫暖的媽媽。

從小，我的家，就是一個永遠有佳餚飄香的地方；廚房裡，永遠有個女人在高溫中揮汗，餵飽全家人的胃，張羅全家人的健康。

因此，儘管我得播報新聞、主持節目、開一個又一個會議，得解決大大小小的事，生活節奏非常快，能量耗損也相當大。但是，就算再忙、事情再多，每個星期，我還是會努力騰出幾天時間，下廚煎個魚或炒幾道簡單的家常菜，用愛和健康餵飽我和孩子。

因為，我希望**在孩子的味覺記憶裡，也有屬於他的「媽媽的味道」**，也有我們家專屬的飯菜香。

我媽是個具有傳統美德的家庭主婦，侍奉公婆致孝，相夫教子致愛，更燒得一手好菜，她雖然是個普通的家庭主婦，但手藝卻是飯店級的。

從三餐的家常料理，到大飯店才能品嚐到的宴客大菜，包括御品紅燒甲魚、海參鑲肉一品燒、砂鍋魚翅煨山雞、紹興醉雞、黑胡椒香烤肋排……都難不倒我老媽。

據說鄭家祖先，過去是當地士紳旺族，在我阿公小的時候，家裡的長輩常常宴客，阿公特別愛吃，也特別會吃。

他總是喜歡跟在大廚子身邊，東轉轉、西瞧瞧，雖然阿公一輩子沒進過廚房，也沒有真正拿過菜刀、鍋鏟，當然也從來沒有做過任何一道料理。但是，卻把好幾道宴客大菜的做法，牢牢的刻印在心中。隨著戰亂時變境遷，家境不同以往，阿公也從沒再嚐過他的夢中佳餚，直到我媽嫁入鄭家之後，才有了變化。

從不會煮，到一桌拿手好菜

我媽媽是他最肯學，也是手藝最好的媳婦。

當年根本沒有出版什麼食譜書籍，更不可能像現在，上網搜尋任何菜餚的關鍵字，馬上跳出各大名廚、五花八門的教學影片。

當年，阿公只能從自己陳封的大腦記憶庫裡，挖出小時候在大廚身邊，邊看邊記在腦海裡的佳餚做法，全憑印象口述備料、步驟和烹煮祕訣，讓媽媽依樣畫葫蘆。

神奇的是，媽媽從來沒有品嚐過這些宴客菜的味道，只能憑著想像去嚐試、去摸索，但老媽很肯試，也很肯學，更有廚藝天分，她就像料理魔法師一樣，在阿公口傳之下，一道一道的，把阿公魂牽夢縈的佳餚變了出來。

每年阿公、阿嬤宴客，請伯公、叔公到我們家裡用餐，是家中長輩的大事，這些宴客大菜就會上桌。我印象最深的是紅燒鱉，到現在我還搞不清楚，老爸、老媽去哪裡採買到活生生的鱉。

鱉大王進了我們家門之後，先被養在一個鐵缸裡。那幾天，我們幾個小蘿蔔頭對這位新朋友非常好奇，總是一放學就先跑到廚房去探望牠，要看看鱉大王今天又使勁的往上爬，想上演成功不了的逃脫戲碼，還是靜靜的安分待在原地。

記憶中媽媽的好味道，因此不管我有多忙，都一定會抽空為孩子煮飯。

我們都知道的是，宴客的前一晚，血腥的場景即將登場。膽子不大的老媽，總是把我們趕出廚房，一個人關在裡面和鱉大王奮戰。但我知道，其實老媽是害怕的，每一回都得對自己信心喊話，她才能進廚房提刀上陣。儘管老媽怕得要死，但她做的紅燒甲魚，阿公和賓客們吃得讚不絕口、欲罷不能，只不過老媽連一口都不敢吃，這也是我從小看在眼裡，讓我深深感動的地方。她願意為了心愛的家人和長輩，完成對自己來說，不可能的任務。

至於平時的家常菜，一鍋滷肉滷蛋、煎個白帶魚、炒個空心菜或高麗菜，再來一鍋蘿蔔貢丸湯，簡單卻充滿媽媽愛的味道。

我們放學回家，總是還沒進家門，就先聞到飯菜飄香，有時肚子餓，還會伸手偷吃桌上的菜餚呢！

儘管老媽跟其他媽媽一樣，怕我們忙、怕我們累，總是趕我們去念書寫功課，而一手包辦廚房裡的大小事，但喜歡到廚房裡東摸摸、西摸摸的我，因為常像個小跟班一樣，常觀看媽媽的料理過程，再加上，或許也遺傳到一點廚藝天分，雖然沒辦法做出像樣的大菜，但是簡單的家常菜不成問題。尤其冰箱裡有什麼蔬菜肉蛋，我就能隨心所欲的自由搭配，不用食譜，也能做出簡單美味的料理。

還記得小時候每回出遠門，我們家的後車廂，一定裝得滿滿滿，老媽總是備齊大夥的東西，包括要去抓魚的網子、挖沙的工具，就連到飯店要換穿的輕便鞋子，也不會遺漏。

她身邊的小袋子，更像魔法袋一樣，裡頭有保溫罐，泡好老爸愛喝的烏龍茶，有削切好的新鮮水果，還有各式各樣的零食，讓我們從出門的那一刻起，就驚喜連連。

以前可不像現在，到處都有這麼多便利商店和小吃店，當年我們出門玩，老媽常常凌晨四、五點就起床了，洗米煮飯、備料，包好一卷一卷的壽司。如此一來，就不用擔心午餐的問題，只要在半路上，找個風景怡人的地方，好好享用野餐，就可以飽餐一頓了。

媽媽是家裡頭最溫柔的守護神，用料理輕輕暖暖的把全家人的心繫在一起。

健康主播的營養教室

高麗菜

☑ 促進鈣質吸收

☑ 緩解胃痛

一般而言，小朋友對高麗菜的接受度很高，父母可以在料理上善加利用。

高麗菜又稱甘藍菜，含有維生素B群、維生素C、維生素K、維生素U，重點是它所含的**鈣、鐵、磷在各類蔬菜中名列前茅**，其中又以鈣質的含量最為豐富，加上高麗菜裡的維生素K，更有助於維生素D及鈣質吸收，這除了對銀髮族有幫助，成長發育中的孩子更需要大量鈣質。

高麗菜也是十字花科抗癌食物。其中的維生素K和維生素U就具有治療潰瘍，緩解胃痛的幫助，被認為是天然的胃藥。因此，日本人的飲食裡，加入大量高麗菜，包括炸豬排上桌前，一定有清爽的生高麗菜絲，這都跟高麗菜的護胃功能大有關聯。

減法教養

料理具有神奇的魔力，因為孩子長大後，永遠會記得媽媽的味道。

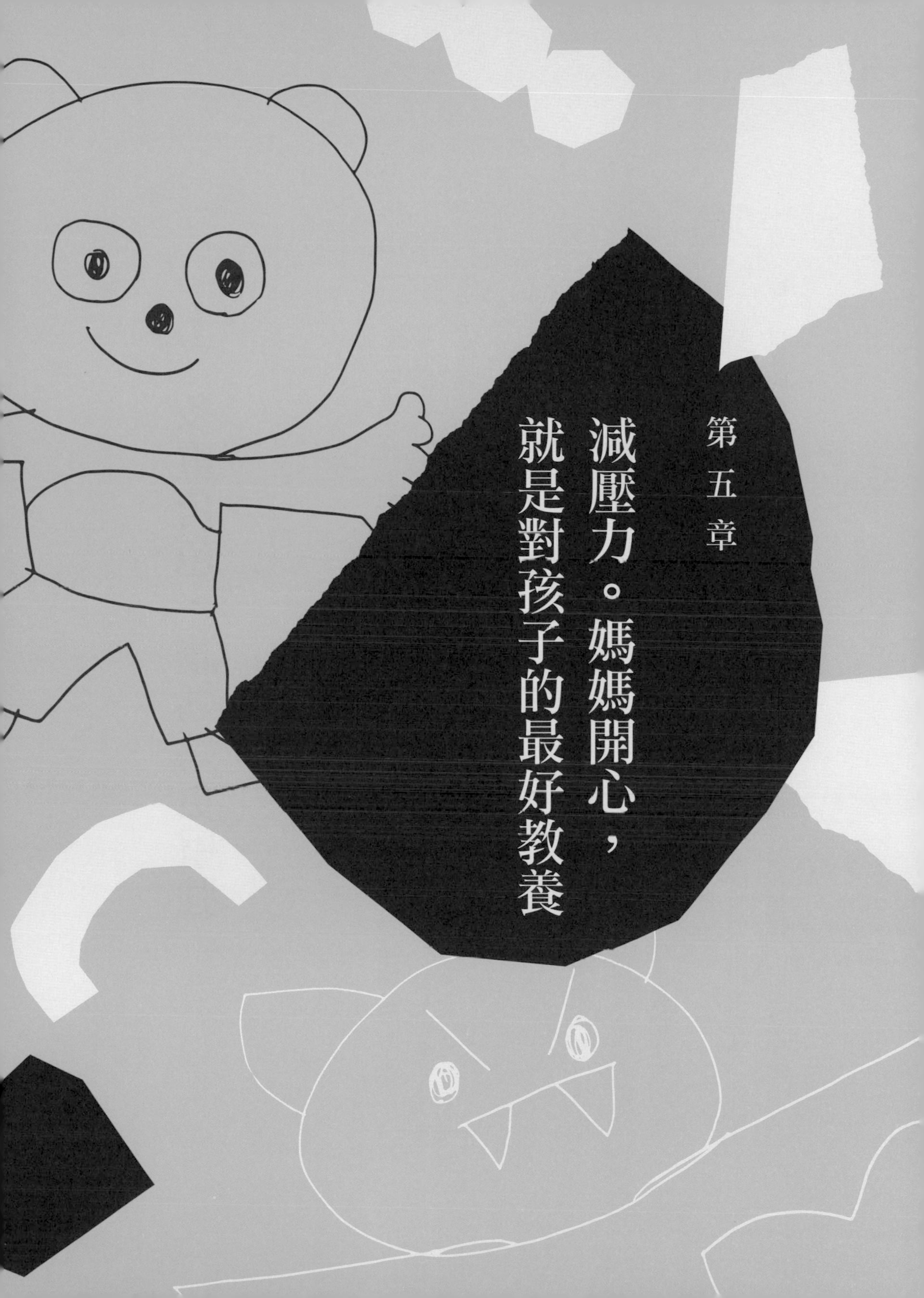

第五章

減壓力。媽媽開心，就是對孩子的最好教養

1. 多重角色，讓媽媽更堅強

當媽以後的我們，總是把責任往自己肩上扛，但在育兒這條路上，你並不孤單；即便現在的你，因身兼多重角色，而感到沮喪、無力，甚至失去自我。

很多人都說：「媽媽是一份二十四小時、無法辭職、無法下班的工作」，以前還年輕沒有特別的感受，但自從當媽以後，我深刻體會到，媽媽這個角色所必須承擔的實在太多、太多，也或許是因為天生母性的關係，媽媽們總是不知不覺把所有的家事、壓力往自己身上攬，然而再怎麼堅強的媽媽，終有潰堤的一天。

我印象非常深刻，那一天，我目送校車載走身體發燙的安安，眼前突然一陣模糊，自責的淚水，從我臉龐滾落而下。我很少哭，但此刻我覺得，自己是個無力又無助的媽媽。

前一個晚上，安安的身體就不太舒服了。到了深夜，又是嘔吐，又是高燒到四十度，本該寧靜的夜晚，他因為身體不適，難受的輾轉反側；而為娘的我除了要收拾、打掃，更時時掛心孩子的身體變化，根本無法入眠。

我自己主持健康節目，深知發燒的孩子，最需要的就是在家好好休養；更知道發燒的孩子，不該到學校成為移動傳染源。我多麼想守在生病的孩子身邊照料他，協助小小身軀盡快好起來、恢復體力。但偏偏那一天，是個完全無法請假，無法找人代班的工作天。

身為參與節目製作的主持人，每一集的議題和架構，都是團隊和我歷經無數次會議討論，才形成最終腳本，所以除非真的發生極重大事件，否則錄影不可能喊停。

而那一天，得一連趕著錄製三集節目，等於有數十位工作同仁，還有多達十五位中西醫、營養師等專家來賓，等著我進攝影棚錄影。

因此，當天我根本無法抽身，只能暫時忍痛，放下柔情的媽媽角色，披上武裝的盔甲上陣。我盡全力趕快完成工作，好讓自己盡快飛奔到孩子身邊。

因為是職場媽媽，所以我更加珍惜與孩子相處的每個時刻。

學著放過自己，工作和育兒只是短期的失衡

或許妳也一樣，曾遭遇各種力量的拉扯，曾經沮喪、曾經無助、曾經深深自責；尤其現代女性總是扮演著多重角色：老婆、女友、主管、下屬、女兒、媽媽、媳婦等，每一個角色都希望做到盡善盡美，每一分一秒都不容許浪費。

當媽媽真的很辛苦。一個女人在有限的時空裡，角色交錯穿梭來去，時間、空間和身心都被切割、被擠壓，身後總是有一股巨大的壓力。

在鏡頭前，我是反應敏捷、笑容可掬的節目主持人；我是神彩奕奕、專業報導的新聞主播，但卸下光鮮亮麗的那一面，我也只是個在工作和家庭孩子之間，疲於奔命的單親媽媽。我努力在多重角色中茁壯，我企圖在多重角色間尋求完美平衡點，當然也一再面臨挑戰。

新聞工作緊湊而快速，必須緊盯國內外重大新聞事

件的發展，或是緊急處理各種突發事件。有不少媒體前輩，投入絕大多數的時間在新聞工作上，他們在職場上的成就斐然，成了眾人追捧的閃耀明星，但是，卻也犧牲了最溫暖貼近的家庭、親情與健康。我知道，這不是我要追求的生活。

我一直認為，人的一生如果只專注於一個角色，不管是工作或是做學問研究，在長期失衡的情況下，其他領域終將以失敗收場。

因此，我努力**把時間軸拉長，以長遠的觀點，看待短期的失衡**。

人的一生之中會經歷不同的階段。比方說，為了完成學業或工作專案，我們在某一段時間，可能非得專注於這件事情不可；而當現階段需要你犧牲與專注的時候，把時間軸拉長來看，從一個星期、一個月、一年、三年之後的觀點回顧，我們可能會發現，某個階段的不平衡，是自然而且必要的。**沒有這麼罪不可赦，更不必要心生罪惡感，因為，妳是為了長遠的平衡而努力著**。

只有媽媽開心，才能帶給孩子最好的教養

就像安安上幼兒園之前，我全心投入公司交付的任務，幫公司重返晨間新聞收視

冠軍寶座；當時安安在臺中由外公、外婆照顧，我成了一休假就飛奔到孩子身邊的假日媽媽，但我深知母子分隔兩地，這只是暫時的狀態而已，當孩子要進幼兒園，我就會把他接到身邊。

很多人問我：「凱云，妳是主播又是主持人，工作那麼忙，壓力那麼大，妳真要把孩子帶到臺北嗎？」、「少了娘家的支援體系，妳得一個人搞定工作和孩子，妳撐得住嗎？」、「外公、外婆都愛他，怎麼不讓安安在臺中念書就好？」

我知道，我的人生不是只有工作而已，我更是一個愛孩子的媽媽，**我知道孩子需要我，而我更需要他。**

而且很多研究顯示，多重角色確實會帶來暫時性與壓力相關的焦慮狀態，但正因為多重角色，不也同時帶來了多重成長與學習嗎？尤其是家庭和育兒經驗，也讓女人在愛與挫折的包圍中汲取養分，讓自己更成長茁壯，更能挺住職場上無情風雨的吹襲。

人生旅途上，你我一定都有遭遇挫折和備感無力的時候。女性特有的敏感纖細和優秀能幹，在正向及理智思考的帶領下，一定能雨過天晴，重現耀眼的暖陽。

我期許自己是個健康又快樂的媽媽，如此才能在職場和家庭中，持續散播正向能量。

在工作和育兒之間的轉換，更考驗著高 EQ。

2. 孩子也在陪你，找回屬於大人的純真

原本一直以為，是我在陪著孩子成長；後來才發現，孩子陪著媽咪挖掘出更多更多，我們原本沒注意到的收穫。

已經記不得，我從什麼時候開始失去想像力，甚至還強烈懷疑，我可能從小就是個沒有想像力的女孩。

長久以來，天上千變萬化的白雲和烏雲，對我來說就是雲；管他濛濛細雨、滂沱大雨或狂風驟雨，對我來說，就是讓人煩躁的下雨天。

仰望藍天白雲，我很難捕抓到老虎、恐龍和小鴨子的樣貌；更不會在下雨的窗戶上，看到被風追趕「咻」一聲游過的小蝌蚪。但是，在孩子身上，我的「想像力」，似乎也一點一滴的被喚醒。

有一回和朋友去用餐，大家點了好多招牌菜，包括蟹肉煲、香橙排骨、脆皮雞等，中式圓桌上的小圓盤轉啊轉，大夥兒一個勁的動筷子品嚐，當其中一道佳餚轉到安安眼前時，他突然大叫「人騎馬」，當時大家正吃得津津有味，一頭霧水的問：「什麼人騎馬？」這時安安伸出胖胖的食指指著「脆皮雞」，又喊了一次：「這裡啊……人騎馬」。這時好奇的我們，全跑到安安的角度定睛一看，被夾了一半的脆皮雞，還真有點像戰士騎在馬背上，大家忍不住拍案一笑，還一度捨不得再動筷子，破壞這「人騎馬的脆皮雞」英姿。

有句廣告詞：「想像力，就是你的超能力。」以前我對這句話沒有特殊感受，現在可不同了，因為我在想像力豐富的四、五歲孩子身上，看到孩子們隨著想像力衝破雲層、穿越古今，成為了擁有超能力的 Superman。

安安愛聽故事，也愛說故事，在他的故事世界裡天馬行空、跨越國界，不像大人的故事，有目的、有範本、有界線，最好還要有一番寓意。

在安安的故事世界裡，可能是二十一世紀的安安，化身成為黑衣蒙面忍者，跟日本江戶時代的桃太郎結盟，和桃太郎的朋友犬乃助、雉丸、猿彥，一起對戰白堊紀陸地上最大的肉食性動物——霸王龍；也可能是安安和媽咪去公園野餐，竟遇上誤闖地球的外星人，張牙舞爪的外星人步步逼近，母子倆歷險逃命，眼看就快要落入外星人手裡，這時草食性的副龍櫛龍趕來營救……。

以前我總是抱著繪本唸給他聽，規規矩矩的照本宣科，《白雪公主》、《國王的新衣》、《青蛙王子》、《睡美人》……很少有媽媽版的加油添醋，但在四、五歲安安的帶領下，我也跟著他玩了起來。睡前是我們母子倆的談心時間，也是故事接龍大冒險的時間，安安常講到欲罷不能，讓為娘的我頻頻喊停，央求他今天先說到這裡，明天再繼續說續集。

不論對錯，而是陪孩子觀察、提問、想像

愛因斯坦曾說：「想像力比知識更重要，因為知識是有限的，而想像力概括著世界的一切。」的確，要不是史帝芬生從蒸氣機聯想到交通工具，或許現在還沒有火車，更不會有高鐵；要不是人類羡慕鳥兒飛翔的寬廣自在，萊特兄弟也不會發明飛機，好讓人類天涯若比鄰。

人一天天長大了，但腦子和心卻反而一天天變窄小了，我們的思考被桎梏、腦子被規格化、心靈被壓抑，我們一邊成長，一邊丟失了與生俱來的美好能力。

反而是在孩子的催化下，學著聆聽、學習欣賞孩子們不按牌理出牌的世界，**忍**

著跟他論對錯的衝動，陪著他們觀察、提問、想像，才讓自己的大腦，稍微又活了起來。或許你也會跟我一樣，在孩子保持彈性與活潑的大腦帶領下，開啟丟失已久的想像力，反而有助於在日常生活與工作上，推陳出新，有不同的收穫。

不只是想像力，小朋友的「**是非感**」也讓人驚訝。以安安來說，一旦他認定某件事情，做法A是對的，B是錯的，那麼他非常容易啟動心中的「道德警察」，勇於糾正大人的錯，不會像社會化的大人們一樣，瞻前顧後，或者怕傷感情而不明說。

有一次，安安的爸爸在高鐵站趕時間，匆匆帶安安上完洗手間後，沒有洗手就趕著帶他離開；安安立刻露出「糾察隊」般的表情，正色告訴他爸爸：「你沒有洗手，這樣是不對的。」接著一路上拒絕讓爸爸牽他的手，直到爸爸紅著臉承諾「下次一定乖乖洗手」之後才露出滿意的微笑。

還有一次，為娘的我就跟所有媽咪一樣，希望小孩「吃多一點、再吃多一點……」，但那天安安一再跟我強調：「媽咪，我已經吃很飽了。」這時媽咪說：「好，這是最後一口，吃完這個就好了。」但才過幾分鐘，媽咪又忘了剛才的承諾，下意識的夾了菜要安安吃，安安馬上正色說：「**小孩說話要算數，大人說話也要算數啊！**」

印象很深刻，還有一天下午大雨滂沱，安安的一個問題，讓我再次感受到孩子的童言童語，以及不被框架限制的天真想法，對話請參考下頁圖5-1。

圖 5－1　5 號雷陣雨

鄭凱云

6 月 25 日

【5 號雷陣雨】
下午大雨滂沱。
安安：「媽咪，今天是幾號雷陣雨？」
我：「雷陣雨沒有分號碼，颱風才有喔。」
安安：「但之前妳說「五號雷陣雨」啊？!」
😥😥😥😥😥
（午後？五號？原來偶地狗以，這麼不標準）

你與其他 516 人都說讚　　7 次分享　　101 則留言

讚　　留言　　分享

教養的過程就是有這些激盪、有這些火花，才顯得獨特而珍貴。

對我來說，教養就是一場學習之旅，雖然有時候也嫌孩子嘰嘰喳喳很煩，但是更多時候，好謝謝他帶給我身為媽咪的美妙體驗；謝謝他讓我也能反省、也能學習，尤其能乘著想像的美好翅膀，快樂翱翔！

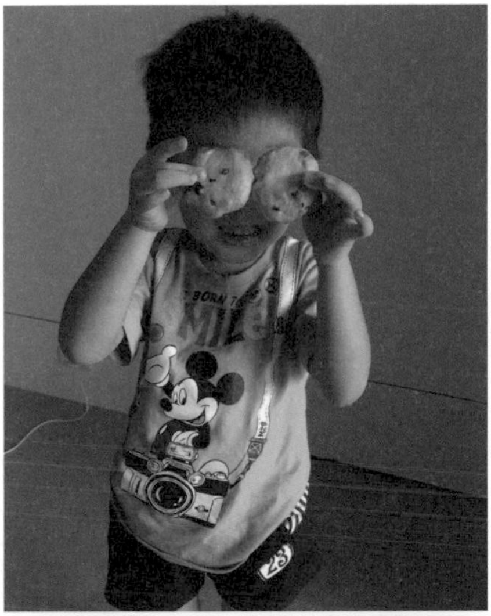

孩子特有的天真，讓我找回想像力、最單純的自己。

3. 別當神力女超人！最該珍惜的是，你自己

許多女性在重返職場後，都會擔心自己能否兼顧工作與家庭：該力求事業表現，還是專心陪伴家庭就好？問題就在，不要把公事帶回家。

曾經有記者採訪我，文章刊登後的標題讓我會心一笑，標題是這樣的：「上班追新聞、下班追校車的主播媽媽鄭凱云」。仔細想想，沒錯，我還真的是無時無刻，都在跟時間賽跑的主播媽媽。

那篇報導這樣描述了我的生活：「TVBS主播鄭凱云跟全天下的職業婦女一樣，每天都要跟時間賽跑。更嚴峻的挑戰是，鄭凱云單親獨力照顧兒子安安，娘家在中部的她，身邊沒有固定的托育支援系統，因此早上將兒子送上校車、趕去上班後，她在公司必須全神貫注完成工作、不把公事帶回家。而每到傍晚五點一下主播臺，就

像灰姑娘舞會的午夜鐘聲響起，她得迅速換上平底鞋，二十五分鐘內抵達定點，展開接小孩大作戰。」

每個人都在自己的趕場人生中奔走穿梭，甚至被工作和家庭壓得喘不過氣來。不管是一天二十四小時都在上班的全職媽媽，家裡大小事一把抓，從早到晚像陀螺般轉個不停；還是兩份班接著上的職業媽媽，好不容易從辦公室下班，又得趕著回家上另一個班，一樣都是二十四小時待命，全年無休。

面對工作和孩子，我總是拿出常年跑新聞的韌性與高效率理性應對，但是，也常有電力耗盡，疲憊無力的時候。

我知道，這時如果沒有適時幫自己充電，就會像電器短路一樣，使用起來不但卡卡的很不順暢，更可怕的是，還有火花四射的危機。

曾經，安安慢吞吞的在吃飯，我電力充沛的時候，可以耐著性子微笑，陪他聊聊在學校裡和老師、同學發生的大小事，但是我電力不足的時候，就很容易暴躁。

曾有一次，安安經不住我一再催逼，甚至威脅他「不趕快吃完就……」，當時斗大的淚珠從他眼眶中掉出來，安安委屈的說：「媽咪我今天吃得比昨天快了，妳怎麼以前笑咪咪，今天那麼生氣……。」

孩子的抗議聲，像鐘聲一般敲醒我，這才發現，**該調整的不是孩子，而是自己**。

原來那陣子蠟燭多頭燒，又是趕新聞、寫稿子、又是出外景，還得在時間之內搞定節

我喜歡大自然，可以為自己充電、找回對孩子和工作的能量。

目內容，就算我是勁量電池，電力也有消耗殆盡的一天。結果，不只工作效率低落，還害得本該輕鬆甜蜜的親子晚餐約會，頓時變得烏煙瘴氣、砲聲隆隆，更害得安安無端遭受波及。

我不想成為「不定時炸彈媽媽」，更不想失去面對人生該有的快樂與積極，因此，我開始調整生活步調，努力把辦公時間和家庭時間切割開來，上班時拚全勁，不把工作帶回家。另外，更讓自己偶爾騰出空檔，擁有獨自一人放鬆、放空的充電時間。

我很喜歡歐美流行的概念「Me Time」，留一段專屬的時間，給最該珍惜，卻最容易在繁忙中忽略的自己。在「Me Time」裡，可以什麼都不做，也可以好好跟自己對話，聆聽內心最真實的聲音，緩緩抒發在生活中緊張窘迫的身心靈。

真正「下班」的媽咪，才能擁有更多戰鬥力

如果我只有半天時間，我會選擇寵愛自己一下。或許是到熟識的ＳＰＡ館，做做臉、做精油按摩，讓精油的芬芳和指尖的力道，滑過我硬得像石頭般的肩頸，讓緊繃的肌肉和打結的腦神經，一寸一寸的慢慢打開；或許是到喜歡的髮廊洗洗頭、護髮，跟店員聊聊天或翻翻雜誌，都會讓我覺得自己從內到外煥然一新；偶爾，我也喜歡一個人去看場電影，在暗場的戲院中，我可以盡情的跟著情節難過掉淚，或暢快大笑。因為，此刻只有我知道自己是誰，不用趕時間、不用在意外人的眼光，在融入電影的那段時空當中，我可以完全沉浸在屬於自己的情緒小空間裡。

我是個愛山愛水的人，因此，我的「Me Time」除了在都市叢林，當然還會回到山林間的祕密基地。

拜臺北市是盆地之賜，周圍被群山環繞，我常去的兩個祕密基地，一個在山谷間，一旁有潺潺溪流，還有大片適合野餐、玩球的茵綠草坪；另一個在山腰上，當車子往山上行駛，一路上可以遠眺臺北一〇一和層層疊疊的翠綠山巒，如果運氣好一點，天空一片晴朗，甚至能在山頭上遠眺金山海域。

在安安上課的日子，偶爾我會排個小休假，成為專屬的偷閒日。

自己一個人帶杯熱咖啡、帶本想看卻又老是被孩子打斷的書，躲進大自然的懷抱當中，就算什麼都不做也行，讓自己的頭腦放空，讓自己徜徉在芬多精裡。重點是，**允許自己在急促的生活步調中，適時停下腳步喘口氣**，如此才能吸飽更多的新鮮空氣，為自己加油充電，把生命中的正面能量找回來。

短暫的抽離之後，再度投入繁瑣的工作和繁忙的家庭生活，你會發現，效率提高了，事情順暢了。最重要的是，你開心了，身邊愛你的人有好日子過，也會跟著開心。

誰不想成為神力女超人，一手搞定孩子的吃喝拉撒睡，搞定丈夫、婆家、娘家的大小事，最好連以前害怕的蟑螂，都能以迅雷不及掩耳的速度，讓牠斷氣於拖鞋之下。只是，神力女超人一樣會累，一樣會有脆弱的時候，一樣得多愛自己一點。

一個愛自己的女人，愛家庭的媽咪，**短暫的從工作、家庭和子女中抽離，做自己喜歡的事**，學習擱置好久的才藝，才能活得更快樂精彩，家人肯定會更愛你。

儘管有時假日得上班，但我仍會適時停下腳步，讓自己找回更多正能量，愛自己、愛家人。

4. 父母也有情緒，得跟孩子一起成長

在孩子接近兩到三歲時，正值小小叛逆期；到了五、六歲，還可能會頂嘴、回嗆……面對孩子的情緒和演不完的內心戲，父母得先學會冷卻自己的情緒。

你曾被孩子一言九「頂」嗎？第一時間一定是憤怒又難受。但想想，我們不也是這樣走過來的嗎？

寶貝在小嬰兒時期，只會用哭泣和眼淚來表達情緒，但從牙牙學語之後，過去的小天使，就頻繁變身成為小惡魔。

兩歲左右的安安，跟其他小朋友一樣，嘴上最常掛的兩個字就是「不要」。穿外套「不要」、穿鞋鞋「不要」，連給他最愛玩的玩具，他都可能回答「不要」，因為

這時幼兒自我意識萌芽，開始表達自己的想法，以自我為中心，而且他們覺得刻意唱反調很好玩，可以展現自主性，卻不知道他們的「不要」，通常都把父母惹得很毛。

「不要」只是孩子成長過程中，頂嘴的開端而已。五、六歲的孩子，對於語言的運用越來越熟練，頂嘴手法又更高竿了，會講一些似是而非的理論，合理化自己的行為，會學爸媽說話、抓語病，也會用爸媽訂的規則來回嗆。

有一回安安鬧脾氣、大聲講話，我也火大了，拉高分貝說：「為什麼講話要那麼大聲，我不是跟你說過不要大聲講話嗎？」這回安安也反過來質疑我：「妳不是說不能大聲講話，妳自己也一樣啊？」在權威家庭教養下成長的我，實在很難接受孩子反嗆。當時，火都快冒上來了，只好趕快提醒自己理性、冷靜，情緒千萬不能被六歲孩子牽著走。因此，提醒自己先離開戰場，以免事情沒解決又延燒戰火，待心情平靜後再做後續溝通。

因此，我們家有個「**冷靜椅**」，當孩子情緒暴走、難以溝通時，就先請他到冷靜椅坐一下，等到他覺得自己恢復平靜了，再來跟我討論。這招是我在主持教養節目《讚聲大國民》時，跟專家學到的。還記得當時專家說，他青春期的孩子，好幾次覺得媽媽太激動，還要求媽媽到冷靜椅平復心情，才肯溝通呢！

如果孩子無理取鬧、狡辯，父母還是苦口婆心的講道理，孩子會認為是嘮叨說教，不只不耐煩，還激發他們回嘴的機會，如此一來，恐怕只會培養出善辯的孩子，也會造成親子關係不睦。我不斷提醒自己，**要處理的是問題本身**，因此，身為父母的我們，**首先要先冷卻自己的情緒**。

身為父母，要先學會冷卻自己的情緒

如果孩子用嗆聲、惡劣的態度回應父母，父母也可以**適度把心裡的難過表達出來**。像是：「媽媽覺得你的態度不是很好，讓我很難過。也許等到你不生氣的時候，我們再來談這件事。」

當然還得避免點燃，讓孩子煩燥回嘴的引信。

你應該也有這樣的經驗，當孩子疲累或是肚子很餓時，會很「蕃」，儘管很累了，卻因為貪玩而不肯睡覺，一直撐著，結果情緒變得越來越煩躁、沒耐性，如果聽到什麼他不喜歡聽的話，就會回嘴。因此，外出遊玩引導他在車上睡個覺，或隨身帶個小點心，不要讓他們太餓、太累，避免孩子情緒失控。

儘管做家長的你我，對孩子頂嘴很難以接受，但很多教養專家認為，**孩子會頂嘴**，而不是事事順著父母做應聲蟲，父母反倒應該開心，因為這**代表孩子有獨立思**

考的能力，是他們在發展自我及追求獨立的過程中的正常表現。

現在我的寶貝安安才國小，我知道，未來他頂嘴的功力會越發精進，甚至到了青春期，還有可能甩上門，狠心把老媽拒於溝通門外，光想到就夠讓人心驚。親子這條路，也只能在陪伴中學習，陪著孩子成長，也讓為娘的我也一起成長。

教養，是父母和孩子一起成長。

5. 媽媽的職業病：強迫症、急性子，也可以是強化健康的抗體

「快點收玩具」、「快點睡覺」……你也是時間控爸媽嗎？不妨換位思考，減少你要孩子做的事情。

其實每天脫離快節奏的新聞工作回到家，我真心希望，我只是個溫柔的媽咪，但是，記者、主播、主持人的職業病，卻如影隨形般滲透我的生活，常常搞得我們「母子也瘋狂」。

別以為我看起來溫柔婉約，我當記者時採訪快狠準、使命必達、狠勁十足。十幾臺攝影機，十幾支麥克風，我總是想盡辦法勇往直前，卡進最核心的位置，拋出最犀利的提問；有時受訪者言詞閃爍、有時虛應一應故事，我總是盡力奮起、窮追不捨。這個職業病，在安安三歲半重重摔一跤時，我才驚覺，有時我成了自己最不想變成的

「虎媽」。

假日的公園裡，孩子們在草坪上奔馳踢球，當時才三歲半的安安，在我的要求下也加入了。其實我知道安安是害怕的，他個頭小比同齡孩子小，而場上又是六、七歲的大哥哥、大姊姊，跑得好快，看起來也好高大，但我依舊不斷鼓勵他下場。

前幾週在教練安排的遊戲裡，安安適應得還不錯，但那個豔陽高照的早晨，意外卻發生了。

滿臉汗水認真追球的大哥哥，突然朝安安正面衝撞過來，安安應聲倒地，大哥哥一個重心不穩還壓了過去，讓原本充滿歡樂的草坪，頓時爆出哭聲。

我趕緊把安安帶到場邊，確認他沒有受傷，接著就催促他擦乾淚水繼續下場。但安安露出驚魂未定的眼神哭個不停，說什麼也不肯就範；我越等越火大，堅持這不過是小事一樁，要他勇敢一點下場踢球。安安在百般催促下，含著眼淚再度下場，但站得遠遠的不敢靠近。當時，我的內心像個失控的虎媽，對孩子的表現非常不滿也很不理解，心想「這又沒什麼，怕什麼怕，他越是怯懦，我越是要他下場」，直到我蹲在場邊的那一刻，突然有了不一樣的感受。

突然之間，我換位思考。當時身高九十幾公分的安安，被場上將近一二〇公分的哥哥撞上，對方的身高等於是安安的一．三倍，如果換算成我的身高，如同一六三公分的我，跟我同場跑跳踢球的人，都高達二一七公分，我身處其中，該有多麼恐懼？更何況還被正面衝撞，再輾過去。

我走到抽抽噎噎的安安旁邊，蹲下來抱著他，告訴他：「沒事了，媽咪知道你害怕，今天我們就在旁邊，看哥哥、姊姊踢球吧！」

控制小孩，不如引導思考：你想做什麼？

記者和主播還有個更要命的職業病，就是長期在時間高壓下，做事非常快速、超級急性子。

如果記者到了截稿時間，稿子還沒完成，就算你寫得再好，一切都是零。因此，快、快、快，是記者工作的基本訓練。

而主播更得精準掌握每一秒鐘，你看過螢幕上有人突然語塞三秒鐘嗎？電視上停個三秒鐘，看起來就像一世紀那麼長；因此，分秒精準到位，是主播的基本訓練。尤其現在上一節跟下一節新聞，幾乎都是必須「準點」交接給下一節主播，不像早年還有廣告時間可以緩衝，以至於現在的播報，有時最後一則新聞的稿頭（編按：類似導言，但較短且口語化）需要刻意拉長到五十秒，有時卻必須在短短三秒鐘內講完，而且不管

長或短，都得一秒不差的傳達新聞內容，可以想見，對秒數要求之嚴格。

但是，偏偏孩子在各方面都是初學者，怎麼也快不起來。

因此，我這個「時間控」**媽媽，常常把「快點」掛嘴邊**：快點吃飯已經七點了、快點收玩具、快點刷牙、快九點了趕快上床睡覺、都早上七點半了快點起床，老是覺得孩子慢吞吞，心中無名火不斷冒出，讓本該甜美的親子時光，變得氣氛緊張。說實話，直到現在，這一點我也還在學習。我試著放慢腳步，試著等待再等待，試著提醒自己，除非關鍵時刻，否則晚個三、五分鐘，又何妨呢？

不過，我這個「時間控」媽媽倒是有一個好處，因為我在工作上，得同時扮演好幾個角色、處理好幾件事；因此，自有一套事務安排規畫的邏輯，我也試著要安安自己排定完成順序。

比方說，上小學的安安功課不少，假日有國語、數學、英文作業、有鋼琴得練、如果天氣好我們還想出門騎腳踏車、當然不能漏掉安安無時無刻最想做的事——畫畫；**我引導他自己想一想，排定完成順序**。他曾說要先畫兩張圖，再寫國語和數學習作、再去騎單車，回家後先寫英文作業，再畫兩張畫、再練鋼琴等等。如此一來，就不勞老媽子三催四請。

你可能好奇，《健康2.0》這個節目又帶來什麼職業病？無疑就是它讓我變成「健康控」。從安安很小，我就讓他有垃圾食物的概念，糖果、餅乾、薯條、炸雞很好吃，但是空有熱量少有營養，不是不能吃，而是該偶一為之；至於健康的飯麵、蔬菜、魚肉蛋奶，就得天天攝取，才能頭好壯壯。

雖然小朋友偶而還是嘴饞，想吃點垃圾食物，但是當他明白垃圾食物沒有營養時，他自己也知道節制，也知道要多吃一點健康的食物補回來，光是這樣，就該幫孩子拍拍手了。

我的職業病病毒，就這樣幾乎天天緊跟著我，傳染力和擴散力不容小覷，仔細想想，身邊的親友還真可憐，常常得忍受我的發作，但我在陪伴孩子成長的過程中，才發現如果沒有適時轉化，它的影響力和破壞性有多劇烈。

我也是個在養育孩子中，不斷學習的媽咪。我努力讓職業病病毒，變成強化健康的抗體，讓它展現在正面的方向。

適時放緩步伐、適時發揮同理心、適時愛自己，讓自己和孩子更能溝通協調，讓親子關係更親密。

不斷進化的媽咪，讓自己和孩子更能溝通、協調。

附錄食譜

對孩子的愛，就從料理開始

食譜設計／雷議宗

親子DIY料理，好吃又好玩！

現在有越來越多的爸媽，為了孩子健康，開始願意走進廚房料理三餐，卻經常對菜色的選擇和變化毫無頭緒。

其實，親子DIY料理，就是一個很好的選擇。大人、小孩，一起動手做料理，不僅可以讓孩子幫忙遞碗盤、認識食材，更能創造出屬於你們的歡樂親子時光。

本章食譜，由國宴御廚雷議宗所設計，種類非常多樣化，包括主食、甜點、小菜共十一道，都是在家就可以輕鬆做、營養又健康的親子DIY料理。快點和雷師傅一起做料理吧！

廚師 雷議宗

出生於雲林鄉下務農子弟，曾任五星級飯店行政主廚及餐飲集團專案規畫召集人、德國精品鍋具代言人。現任職多所大學客座教授、安永鮮物顧問及代言人、TVBS《健康2.0》特邀主廚、東森網路節目《誰來上菜》主持人。

竭力推廣最優質的食材、最健康的料理、最正確的烹調觀念，座右銘是「做最真實的健康料理，健康料理不是說說而已」。

元氣五穀咖哩飯

咖哩飯是大小朋友都喜愛的人氣餐點，不但有豐富的蔬菜，其天然的咖哩調味，也能讓不喜歡吃菜的小朋友超滿足。此外，為了幫小朋友添加更多營養，特別選用五穀雜糧飯，讓孩子吃了元氣滿滿、營養加倍。

食材：

- **去骨雞腿肉**——一支
- **馬鈴薯**——100公克
- **紅蘿蔔**——60公克
- **洋蔥**——60公克
- **蘋果**——半顆
- **香蕉**——一根
- **橄欖油**——適量
- **蜂蜜**——適量
- **醬油**——適量
- **胡椒粉**——少許
- **五穀雜糧粉**——150公克（約一碗分量）
- **咖哩塊**——一塊
- **花椰菜**——兩小朵
- **水煮蛋**——一顆

做法：

1. 先將去骨雞腿肉洗淨切塊備用。
2. 再將馬鈴薯、紅蘿蔔、洋蔥、蘋果、香蕉、洗淨切塊備用。
3. 準備燉炒鍋，將①放入鍋內，用橄欖油將表皮煎至金黃色。再將②及調味料放入鍋內，炒至香味四溢。
4. 加水蓋過食材燉煮約20分鐘，放入咖哩塊並攪拌均勻至收汁濃稠狀。
5. 將五穀米飯放入盤中，淋上咖哩醬汁、擺上水煮的花椰菜及雞蛋即可食用。

聖誕花椰菜

小朋友不吃菜是很多父母的困擾，尤其是花椰菜，小朋友更是不喜歡。因此，我們以雞高湯的風味，將花椰菜燉煮至香氣十足，再讓花椰菜變身成一棵棵繽紛的聖誕樹，不僅賞心悅目，也能讓小孩吃得津津有味。

食材：

花椰菜——一顆
紅蘿蔔丁——50公克
玉米粒——50公克
冬粉——少許
橄欖油——適量
雞高湯——一包
鹽巴——適量

做法：

1. 將花椰菜去除硬皮、切塊，用水洗淨後備用；紅蘿蔔切丁（約指甲片大小）備用。
2. 將花椰菜及紅蘿蔔丁、玉米粒，用滾水燙過後，再以冷水沖涼冷卻。冬粉剪成小段，用橄欖油煎炸過後備用。
3. 備一湯鍋，將②（冬粉除外）放入雞高湯內，加入些許鹽巴後，以中小火燜煮約三至五分鐘後起鍋。
4. 將所有食材組合擺盤，如在雪地中的聖誕樹般即大功告成。

玉米可樂餅

玉米是許多小朋友喜愛的食物，只要加上馬鈴薯泥、玉米、低脂豬絞肉等食材，就可以打造出既是主餐又是點心的美味小點，很適合親子一起動手做。

食材：

馬鈴薯——300公克
地瓜——300公克
胡椒鹽——適量
低脂豬絞肉——60公克
洋蔥——30公克
玉米粒——30公克
香菇醬油——適量
糖——少許
雞蛋——兩顆
中筋麵粉——適量
麵包粉——適量
橄欖油——適量

做法：

1. 將馬鈴薯及地瓜削皮洗淨後切塊，放入水中。加入少許的胡椒鹽，將鍋內食材煮至軟爛後壓泥、冷卻備用。
2. 將低脂豬絞肉及洋蔥、玉米粒放入鍋內，加入橄欖油拌炒至香味四溢，待湯汁收乾後，撒上調味料、冷卻備用。
3. 將②與馬鈴薯、地瓜泥攪拌均勻後，用手壓製成橢圓餅狀，並依序沾上蛋液、麵粉、蛋液、麵包粉後備用。
4. 以橄欖油熱鍋後，將可樂餅煎炸至金黃色，起鍋後，用廚房紙巾吸去多餘的油分，即可食用。

微笑繽紛水果鬆餅

可先把小朋友喜歡的卡通圖案列印出來，然後用剪刀將形狀剪好，撒上可可粉後再將紙型拿掉，即完成令人驚喜的可愛鬆餅。不僅可以讓小孩自己動手淋果醬、加水果，其繽紛擺盤、鬆軟口感，更是讓小朋友愛不釋手。水果也可以替換成香蕉或地瓜泥，更是營養滿分。

食材：

香蕉——一根
雞蛋——兩顆
低筋麵粉——180公克
橄欖油——適量
可可粉——適量
小番茄——兩顆
（可依季節替換成其他水果，如草莓等）
柳丁——兩片
奇異果——兩片
蜂蜜——一匙

做法：

1. 將香蕉、雞蛋、低筋麵粉放入調理機內，打碎成粉漿狀。
2. 在平底鍋中倒入橄欖油熱鍋，放入粉漿呈圓片狀，以小火慢煎，約五、六片即可。
3. 將可愛的卡通圖案紙型放在盤子上，撒上可可粉後，成為鬆餅的裝飾底圖，再將煎好的鬆餅層層堆疊。
4. 將切好的小番茄、柳丁、奇異果放入盤中擺放，讓顏色層次分明，再淋上蜂蜜即可食用。（太早淋上易導致鬆餅軟化、口感不佳）

（編按：一歲以下孩童請勿食用蜂蜜）

晶鑽鳳梨果醬

一般市售果醬大都添加化學成分，建議使用當季水果來製作最為新鮮。除此之外，果膠豐富的水果，例如橘子、芒果、草莓、藍莓，也都非常適合拿來做成果醬，甜度也可依照個人的喜好來調整。

食材：

晶鑽鳳梨——1000公克（削皮後約一顆，一般鳳梨也可）
冰糖——180公克
天然麥芽糖——50公克
檸檬汁——50cc
寒天粉——20公克

做法：

1. 將鳳梨切碎丁（約指甲片大小），放入冷凍冰存一天，取出自然解凍備用。（水果經過冷凍，可以縮短熬煮的時間，不但容易煮軟，果香味也較濃）
2. 將①及其它調味料放入鍋內，用攪拌棒（最好是木質材質）不斷的翻炒。翻炒約10分鐘後，呈現濃稠狀、果香味四溢，即可起鍋、冷卻。
3. 將耐熱玻璃瓶或保鮮罐，用熱水燙煮過後晾乾，再將果醬倒入瓶內即可。

黃金無敵炒飯

建議選用富含膳食纖維的雙麥飯，來搭配新鮮鮭魚丁和元氣滿滿的雞蛋，營養更豐富。除此之外，也可以在炒飯上花點巧思，將米飯捏塑成金字塔形、可愛的卡通圖案，保證讓小朋友一吃就愛上。

食材：

- **雞蛋**——一顆
- **鮭魚丁**——120公克
- **白花椰菜切碎**——50公克
- **南瓜切碎**——20公克
- **豆干丁**——30公克
- **蝦仁丁**——30公克
- **青蔥**——適量
- **雙麥飯**——80公克（亦可以五穀飯替代）
- **鹽**——少許
- **胡椒粉**——少許
- **咖哩粉**——少許
- **香菇醬油**——少許
- **橄欖油**——適量

做法：

1. 將雞蛋倒入鍋內，用橄欖油熱鍋後炒香，再將鮭魚丁放入拌炒並打散，撈起備用。
2. 將白花椰菜、南瓜丁、豆乾、蝦仁、蔥等食材，放入鍋內一同翻炒。
3. 將雙麥飯放入鍋內拌炒後，再依序放入鹽、胡椒粉、咖哩粉、香菇醬油，充分將米飯翻鬆至炒香、上色，即可起鍋。
4. 動手擺上自己喜愛的圖案後即可食用。

白醬義大利麵

義大利麵一直是深受小朋友喜愛的餐點，因而在製作義大利白醬上，用了多種營養食材。若要和小朋友一起ＤＩＹ，建議選用卡通圖案造型的義大利麵，更能添增趣味。

食材：

- **蒜頭**——兩顆
- **洋蔥**——30公克
- **培根**——30公克
- **雞肉丁**——60公克
- **蘑菇**——八粒
- **卡通造型義大利麵**——150公克
- **橄欖油**——適量
- **海鹽**——少許
- **低脂鮮奶**——200 cc
- **蛋黃**——一顆
- **中筋麵粉**——30公克
- **胡椒粉**——少許
- **義大利綜合香料**——適量
- **香菜**——少許
- **起司粉**——適量

做法：

1. 將蒜頭、洋蔥、培根、雞肉切碎丁，蘑菇切成細片備用。
2. 將卡通造型的義大利麵放入滾水中，加入海鹽及橄欖油煮，大約12分鐘，待麵條完全熟成軟化，起鍋備用。
3. 將①放入鍋內炒香，加入低脂鮮奶、蛋黃、麵粉及胡椒粉，並煮至濃稠醬汁狀。
4. 放入義大利麵、拌炒收汁後起鍋盛盤，撒上起司粉及義大利綜合香料，最後擺上香菜即可食用。

果香滷牛腱

滷牛腱是道傳統的古法餐點，也是很常見的餐館佳餚。但除了美味，我更希望小朋友可以吃得健健康康，因而選用新鮮蘋果、鳳梨、番茄來滷牛肉，不僅香味十足，更能增添營養價值。

食材：

牛腱——一顆約400公克
青蔥——兩支
薑——40公克
牛番茄——一顆
鳳梨——50公克
蘋果——一顆
橄欖油——適量
冰糖——約30公克
醬油——兩大匙
米酒——100 cc
鹽巴——少許

做法：

1. 牛腱洗淨後去除薄膜備用；蔥、薑、番茄、鳳梨、蘋果切塊備用。
2. 準備一個湯燉鍋，倒入橄欖油、加入蔥、薑等蔬果，翻炒至果香味釋出。
3. 放入冰糖及醬油、米酒、鹽巴炒香後，再緩緩放入水，調製滷汁。
4. 將牛腱放入滷汁，直到能夠蓋過牛腱，接著再蓋鍋滷煮約二小時。
5. 等待滷汁冷卻或冰鎮，將牛腱取出切片，撒上蔥花或擺上水果即可食用。

水果優格

市售優格大都添加糖及其他成分，藉此中和優格酸酸的口感，但為了小朋友的健康，建議選用原味優格，再搭配新鮮水果，以及蜂蜜，不但好入口，也吃得更健康。

做法：

原味無糖優格——一盒
鳳梨丁——適量
草莓丁——適量
奇異果丁——適量
香蕉丁——適量
玉米碎片——少許
蜂蜜——少許

做法：

1. 將原味無糖優格倒入玻璃碗中，再將蜂蜜拌入，增加甜度及口感。
2. 將水果丁以及玉米碎片放入優格中，呈現五顏六色的優格即可食用。

元氣蛋捲

用新鮮雞蛋加上蔬菜食材，一般的蛋捲也可以很不一樣，而且加了大小朋友都喜歡的海苔，讓雞蛋蛋捲更繽紛、更有趣味。雞蛋是小朋友攝取營養的主要來源之一，只要花點巧思，天天吃也不膩。

食材：

- **橄欖油**——適量
- **里肌肉片**——50公克
- **洋蔥丁**——30公克
- **香菇丁**——三朵
- **火腿丁**——30公克
- **花椰菜丁**——30公克
- **小番茄**——30公克
- **胡椒粉**——少許
- **鹽巴**——少許
- **雞蛋**——兩顆
- **虱目魚鬆**——30公克
- **無添加番茄醬**——適量
- **海苔**——適量

做法：

1. 用橄欖油將里肌肉片煎至上色後取出，再將洋蔥丁、香菇丁、火腿丁及花椰菜丁、番茄丁放入鍋內炒香。
2. 將所有食材炒香後，加入調味料拌炒均勻，即可起鍋備用。
3. 雞蛋打勻後，放入圓形平底鍋煎成蛋皮，再放入②，將蛋皮捲起盛盤。
4. 撒上魚鬆，再用番茄醬、海苔，畫出笑臉或卡通圖案。

鮮味海帶炒雞絲

一般來說，小朋友不太喜歡吃海帶或是有腥味、有細刺的魚，所以建議選用魚湯或鱸魚精，來搭配海帶絲，透過拌炒、調味，可以讓味道更好入口。除了可以提升營養之外，若將食材擺放在可愛的容器內，則更能提高小朋友對海帶的接受度。

食材：

橄欖油——適量
蒜頭——兩粒
雞肉絲——100公克
海帶絲——250公克
紅甜椒絲——20公克
鴻禧菇——40公克
鱸魚高湯或鱸魚精——200 cc
香菇醬油——適量
香油——少許
青蔥——一支
白芝麻——適量

做法：

1. 將蒜頭切末後放入鍋內，用橄欖油小火炒出蒜香味。
2. 將雞肉絲放入鍋內炒香，再將蒜末拿出（不用蒜頭顆粒，避免影響滑嫩的口感）。
3. 放入海帶絲、紅甜椒絲、鴻禧菇拌炒，再加入香菇醬油及鱸魚高湯，一同拌炒至收汁（約3分鐘，讓海帶絲保持爽脆口感），起鍋前撒上些許香油。
4. 最後再撒上蔥花、白芝麻，即可食用。

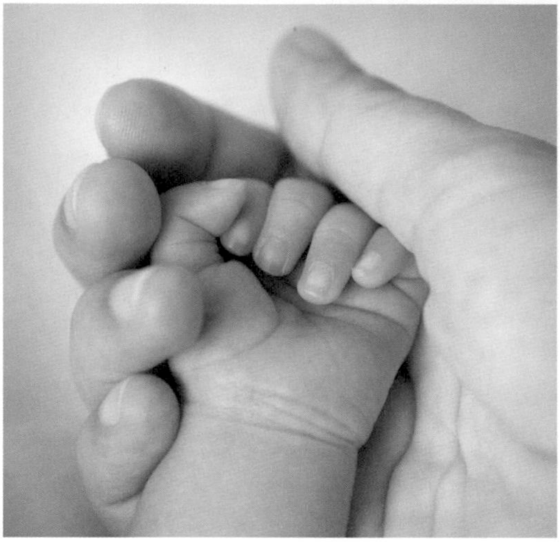

致所有的父母：

總有一天，眼淚都會變成珍珠，閃閃發光。

不管面對任何困難，
試著減去過多的教養，
才能牽起孩子的小手，走更長遠的路。

國家圖書館出版品預行編目（CIP）資料

凱云主播的減法教養：輕鬆爸媽這樣教！減吼叫、減才藝、減壓力，孩子貼心又獨立。/ 鄭凱云著 . -- 臺北市 : 大是文化 , 2019.10
224 面 ； 17X23 公分 . --（Style；32）
ISBN 978-957-9654-31-9（平裝）

1. 親職教育　2. 育兒

528.2　　108011792

Style 032

凱云主播的減法教養

輕鬆爸媽這樣教！減吼叫、減才藝、減壓力，孩子貼心又獨立。

作　者	鄭凱云
插　畫	安安
攝　影	吳毅平
責任編輯	黃凱琪
校對編輯	蕭麗娟
美術編輯	張皓婷
副總編輯	顏惠君
總 編 輯	吳依瑋
發 行 人	徐仲秋
會　計	林妙燕
版權主任	林螢瑄
版權經理	郝麗珍
行銷企劃	徐千晴
業務助理	王德渝
業務專員	馬絮盈
業務經理	林裕安
總 經 理	陳絜吾

出 版 者　大是文化有限公司
臺北市衡陽路 7 號 8 樓
編輯部電話：（02）23757911
購書相關諮詢請洽：（02）23757911 分機 122
24 小時讀者服務傳真：（02）23756999
讀者服務 E-mail ：haom@ms28.hinet.net
郵政劃撥帳號：19983366　戶名：大是文化有限公司

法律顧問　永然聯合法律事務所
香港發行　里人文化事業有限公司 "Anyone Cultural Enterprise Ltd "
香港新界荃灣橫龍街 78 號 正好工業大廈 22 樓 A 室
22/F Block A, Jing Ho Industrial Building, 78 Wang Lung Street,Tsuen Wan, N.T., H.K.
電話：（852）24192288　傳真：（852）24191887
E-mail：anyone@biznetvigator.com

封面設計　檸子設計
內頁排版　季曉彤
印　　刷　鴻霖印刷傳媒股份有限公司

出版日期　2019 年 10 月初版
定　　價　新臺幣 340 元（缺頁或裝訂錯誤的書，請寄回更換）
I S B N　978-957-9654-31-9